Easy Learning
Korean

쉽게 배우는
한국어 독해

부산외국어대학교 한국어문화교육원

중급
1

한글파크

■ 저자소개

이양혜
부산대학교 교육대학원 석사 (국어교육전공 : 교육학석사)
동아대학교 대학원 박사 (한국어문법론전공 : 문학석사)
현재 부산외국어대학교 한국어문화교육원 교수

권혜경
부산되국어대학교 대학원 석사 (외국어로서의 한국어교육전공 :교육학석사)
부산외국어대학교 대학원 박사수료 (외국어로서의 한국어교육전공)
현재 부산외국어대학교 한국어문화교육원 교사

성진숙
진주경상대학교 교육대학원 석사 (일본어교육전공: 교육학석사)
부산외국어대학교 대학원 박사수료 (외국어로서의 한국어교육전공)
현재 부산외국어대학교 한국어문화교육원 교사

삽화가_ 강은실

쉽게 배우는
한국어 독해 중급 1

초판발행	2009년 8월 10일
초판 6쇄	2021년 10월 22일

저자	이양혜, 권혜경, 성진숙
책임편집	권이준, 양승주, 김아영
펴낸이	엄태상
콘텐츠 제작	김선웅, 김현이, 유일환
마케팅	이승욱, 전한나, 왕성석, 노원준, 조인선, 조성민
경영기획	마정인, 조성근, 최성훈, 정다운, 김다미, 오희연
물류	정종진, 윤덕현, 양희은, 신승진

펴낸곳	한글파크
주소	서울시 종로구 자하문로 300 시사빌딩
주문 및 교재 문의	1588-1582
팩스	0502-989-9592
홈페이지	http://www.sisabooks.com
이메일	book_korean@sisadream.com
등록일자	2000년 8월 17일
등록번호	1-2718호

ISBN	978-89-5518-767-0 14710
	978-89-5518-765-6 (set)

이 책은 교육인적자원부의 한국어 연수 프로그램
개발 지원사업의 도움으로 개발되었음.

머리말

　최근 한국어를 배우려는 학습자들의 증가와 더불어 학습자들의 목적이 다양해짐에 따라 한국어 교재 역시 다양해져야 할 필요성을 느끼게 되었다. 학습자들의 다양성에 따른 교재란, 단계에 따른 교재, 학습 영역에 따른 교재, 다양한 목적에 따른 교재 등이 이에 포함될 수 있다.

　단계에 따른 교재란 한국어 교육 과정에 따른 교재를 말하기도 한다. 즉 대체로 한국어 교육과정은 초·중·고급 단계를 가지고 있으며, 세부적으로 초급은 다시 1·2급, 중급은 3·4급, 고급은 5·6급으로 다시 나뉘어 진행된다. 따라서 교재도 이에 부합하여 개발될 필요가 있다.

　학습 영역에 따른 교재란 과거의 통합형 교육에 따른 교재에서 벗어나 듣기, 말하기, 읽기, 쓰기, 문법, 어휘 등의 언어 영역별 특성에 따라 개발한 분리형 교재를 말한다. 통합형 교육은 모든 언어 영역을 아우르는 것이 그 목적이지만 실제 그 모든 영역을 고루 발달시키기는 어려우며, 어느 한 쪽 영역 교육이 소홀해질 우려가 크다. 따라서 4대 언어 영역의 특징에 따른 언어를 향상시키되, 이들이 서로 관련성을 가짐으로써 통합된 언어 기능 향상을 가져올 수 있는 분리형 교육이 필요하며, 이를 위한 교육 자료로서의 분리형 교재 역시 필요하다.

　한국어를 배우고자 하는 목적은 이주여성과, 근로자, 일반인, 대학생 등에 따라 다를 수밖에 없다. 그럼에도 불구하고 이들의 교재가 같다면 이들이 배워서 활용하고자 하는 한국어 교육 목표에 달성할 수 없다.

　이상을 고려하여 부산외국어대학교 한국어문화교육원 교재개발팀은 대학을 중심으로 한 성인 학습자를 대상으로 분리형 교육을 목적으로 교재를 개발해 나간다. 단계에 따라서는 초급, 중급, 고급용 교재를, 분리형 교육을 위해서는 초급용으로 '말하기 – 듣기', '읽기 – 쓰기', '활용' 편을 낸 후, 다시 중급용으로 '회화', '독해', '작문' 교재가 있으며, 문법, 어휘, 문화 교재도 개발하였다.

　이 중 중급 교재는 다시 학습 대상자의 수준을 고려하여 'Ⅰ, Ⅱ' 권의 두 단계로 차별화하여 개발하였다. 이렇게 개발한 교재를 실제 외국인을 위한 한국어 수업에 사용해

본 결과 문제점과 미비점이 나타나 먼저 한국어 독해 중급1을 수정 · 보완하여 이번에 내 놓게 되었다.

독해는 단지 한국어를 읽을 수 있는 능력만을 의미하지 않는다. 글을 읽고 글 전체, 혹은 부분이 주는 의미 파악과 함께 이러한 글을 재해석하는 능력도 포함한다. 따라서 이 책의 각 단원은 초급한국어 읽기에서 한 단계 나아가 글 전체에 대한 이해뿐 아니라 글 내용을 중심으로 부분의 의미를 파악하고, 나아가 글을 재해석하고 재창조하는 능력을 길러주기 위한 구성 체계를 갖추었다.

아무쪼록 많은 외국인 유학생과 일반인들이 이 책으로 한국어 독해 실력을 많이 키울 수 있었으면 하는 바람이다.

교재 개발에는 한국어교육 현장 경험이 있는 사람들이 참여하였는데, 교재개발팀원 전체가 기획한 것을 중심으로, 한국어문화교육원 교사인 권혜경, 성진숙 선생과 이양혜 교수가 함께 개발한 책을 또 다시 깁고 더한 후 랭기지플러스 출판사의 도움을 받았다.

이 책이 나오기까지 정책적 지원을 해준 교육인적자원부와 부산외국어대학교 관계자 여러분, 랭기지플러스의 엄호열 회장님과 엄태상 이사님께 감사드린다. 특히, 바쁜 시간 중에도 이 책을 위해 몸과 마음을 함께 담아온 부산외국어대학교 한국어문화교육원 교재팀과 랭기지플러스 편집팀의 노고를 마음에 깊이 새기고 싶다.

2010년 4월
교재개발팀을 대표하여 이양혜 씀

이 교재는 한국어 초급 단계의 학습을 끝낸 중급 수준의 학습자에 초점을 맞춘 것이다. 따라서 초급에서 다져진 읽기 능력을 향상시키기 위한 것인 동시에 고급 단계의 읽기 능력으로 나아가기 위한 한국어 교재라고 할 수 있다. 이 교재의 편찬 의도가 한국어 중급 학습자의 읽기 능력을 향상시켜 주기 위한 것이다. 따라서 한글로 된 텍스트를 읽고 글의 체계와 내용을 파악하는 한편 어휘와 표현을 익히고, 나아가 다른 언어 기능 향상에도 도움을 주기 위한 활동을 위주로 구성하였다.

외국인 학습자들은 이 교재를 통해 글을 읽고 해독하는 이해 능력이 향상될 뿐 아니라, 읽은 글을 재구성하고 재창조하는 능력 또한 향상될 것이며, 나아가 말하고 듣고 쓰는 표현 능력에도 도움을 받을 것이라고 본다.

글의 내용은 일상생활과 한국의 대학 수학을 목적으로 하는 학습자들이 부딪치거나 알아야 할 내용을 중심으로 15개의 주제를 선정하고, 이 주제를 중심으로 읽기 활동이 이루어지도록 구성하였다.

각 단원은 '들어가기 – 읽기1 – 읽기2 – 실력 올리기 – 어휘 – 쉬어가기' 순서로 학습이 진행될 수 있도록 구성하였다.

효율적인 교재 이용을 위해 단원 구성의 의도와 이용 방법을 소개하면 다음과 같다.

들어가기 각 단원의 첫머리에 있는 '들어가기'는 단원의 본 읽기에 들어가기 위한 선행 학습으로, 편안하게 읽고 질문에 대해 생각나는 대로 자유롭게 이야기를 나눌 수 있도록 하였다. 즉 단원의 본격적인 내용 이해를 돕기 위한 학습자의 스키마 형성을 위한 것이다.

읽기 1 단원의 읽기 단계에 해당한다. 자신이 알고 있는 어휘와 문법 지식을 활용하여 본문을 읽고 내용을 파악하는 단계이다.

읽기 2 읽기 1에 이은 또 하나의 읽기이다. 텍스트를 중심으로 글을 깊이 있게 읽고 내용을 파악하는 한편, 타 언어 영역 활동을 함께 아울러 다양한 활동으로 발전시키기 위한 것이다.

📚 실력 올리기 읽기 1과 읽기 2에서 키운 독해 실력을 스스로 점검하고 좀 더 나은 수준으로 향상시켜 나가기 위한 것이다.

📑 어휘 각 단원에 나오는 중요 단어를 목록화 하였다. 주제 중심으로 단원이 구성되어 있으므로 제시된 어휘는 대체적으로 제목에서 제시된 주제와 관련된 것이다. 학습자는 한 단원을 다 마친 후, 어휘를 통하여 학습한 내용을 다시 한번 정리할 수 있다.

📕 생각해 보기 학습자의 생각을 넓히기 위한 것으로 각 단원과 관련된 한국을 비롯한 세계 여러 곳의 속담, 격언, 명언 등을 실었다.

⌐ 쉬어가기 각 단원의 주제나 소재와 관련된 재미있는 이야기, 또는 관련 정보를 실어서 다양한 읽을거리를 제공하는 한편, 한국의 일반상식도 소개하기 위한 것이다. 이 '쉬어가기'는 복습용인 동시에 자가학습용이라고 할 수 있다.

차 례

머리말		3
일러두기		5
제1과	친구	9

■ 우리 반 친구들 / ■ 생각나는 친구 / ■ 단짝

| 제2과 | 유학생활 | 25 |

■ 선생님과 물고기 / ■ 나의 실수담 / ■ '빨리빨리' 문화

| 제3과 | 생일 | 41 |

■ 깜짝 파티 / ■ 생일 케이크 / ■ 생일 잔치

| 제4과 | 취미 | 55 |

■ 한국인의 취미 / ■ 마술하는 치과의사 / ■ 취미를 직업으로

| 제5과 | 축제 | 69 |

■ 민속놀이 마당 / ■ 머드축제 / ■ 우유마시기 대회

| 제6과 | 기념일 | 83 |

■ 밥상 차려드리기 / ■ 가정의 달 / ■ 개천절

| 제7과 | 심리 | 97 |

■ 심리 테스트 / ■ 피그말리온과 플라세보 / ■ 사랑의 유효 기간

| 제8과 | 기후 | 111 |

■ 청개구리가 우는 이유 / ■ 사라지고 있는 북극곰 / ■ 기후와 자연 환경

제9과   옛날이야기   127
        ■ 호랑이와 곶감 / ■ 흥부와 놀부 / ■ 현명한 재판

제10과   운동과 건강   143
        ■ 아침밥 / ■ 건강을 위한 충고 / ■ 삶의 자세와 건강

제11과   음식   161
        ■ 김치의 유래 / ■ 까마귀와 약밥 / ■ 음식 궁합

제12과   인물   179
        ■ 세계적인 한국 축구선수 / ■ 세상에서 가장 못생긴 발 /
        ■ 파리에 울린 한국의 소리

제13과   생활필수품   195
        ■ 휴대전화 / ■ 인터넷 / ■ 전화와 카메라

제14과   영화와 드라마   211
        ■ 타이타닉 / ■ 한국 영화의 역사 / ■ 드라마 속 직업

제15과   안내와 광고   225
        ■ 무슨 광고일까요? / ■ 길 따라 맛 따라 / ■ 광고 카피

모범답안   242

제**1**과

친 구

1 우리 반 친구들
2 생각나는 친구
3 단짝

우리 반 친구들

내 이름은 알버트이고 영국사람이다. 나는 지난봄에 한국에 왔다. 지금 대학교에서 한국어를 공부하고 있다. 우리 반에는 중국인, 일본인, 베트남인, 러시아인, 영국인 등 모두 열일곱 명이 있다.

그 중에서 한국어를 제일 잘 하는 학생은 일본에서 온 아키이다. 우리 반 학생들은 모르는 것이 있으면 먼저 아키에게 물어 본다. 그럴 때마다 아키는 친절하게 설명해 준다. 그래서 우리는 아키라고 부르지 않고 아키 선생님이라고 부른다.

프엉은 베트남 학생인데 노래를 잘 부른다. 요즘 프엉은 수업이 끝난 후에 노래 연습을 한다. 왜냐하면 한 달 후에 '유학생 한국 노래 부르기 대회'에 나가기 때문이다. 아마 프엉이 일등할 것이다.

우리 반에는 한국 사람도 있다. 에리카는 러시아에서 태어났지만, 부모님이 모두 한국 사람이다. 에리카는 한국어를 잘 못한다. 그렇지만 한국 음식은 잘 만든다. 어제는 에리카 집에 놀러 갔는데 에리카가 김치찌개를 만들어 주었다. 나는 너무 맛있어서 밥을 두 그릇이나 먹었다.

나는 우리 반 친구들이 참 좋다.

- 우리 반 친구들은 어느 나라 사람들입니까?

- 가장 친한 친구는 누구입니까?

생각나는 친구 1

유강은 내가 처음 만난 외국인이다. 우리는 일 년 동안 같은 기숙사에서 살았다. 우리는 함께 생활하기 시작하였을 때 자주 말다툼을 했다. 왜냐하면 유강은 청소나 정리를 잘 하지 않았기 때문이다. 그래서 항상 내가 청소를 해야 했다.

그렇지만 유강은 요리를 잘 했다. 나는 학교 식당에서 밥을 사 먹거나 집에서 라면을 끓여 먹었지만 유강은 그렇지 않았다. 특히 일요일에는 내가 한 번도 먹어 본 적이 없는 요리를 해 주었다. 나는 유강 덕분에 맛있는 중국 음식을 자주 먹을 수 있었다. 그래서 다른 친구들은 나를 부러워했다.

그 후 유강은 요리를, 나는 청소를 하며 서로를 돕게 되고 친하게 지내게 되었다. 그런데 오늘 유강이 중국으로 돌아갔다. 이제 유강의 자리에 다른 친구가 올 것이다. 유강처럼 요리를 잘 하는 친구가 오면 좋을 텐데…….

생각나는 친구 2

한 시간 후면 내가 탄 비행기가 베이징에 도착한다. 내가 이 비행기를 타고 한국으로 간 지 벌써 일 년이 지났다. 처음에는 한국어도 전혀 몰랐고, 친구가 한명도 없어서 힘들었다. 특히 한국어는 아무리 열심히 공부해도 어려웠다.

그 때 기숙사 같은 방 친구인 민수가 나를 도와주었다. 민수는 저녁마다 내가 잘 모르는 한국어를 가르쳐 주었다. 그리고 내가 모르는 단어가 있으면 자세하게 설명해 주었다. 나는 민수 덕분에 한국어 수업이 점점 재미있어졌다. 그리고 민수는 음식을 아주 맛있게 먹었다. 내가 음식을 만들면 아무리 맛이 없어도 깨끗하게 다 먹었다. 그래서 나는 시간이 있으면 민수에게 중국 음식을 만들어 주었

다. 민수 덕분에 기숙사방도 항상 깨끗했다.

이제 중국에 돌아가면 나와 같은 다른 나라 유학생들을 만나게 될 것이다. 나도 민수처럼 유학생들을 도와주는 친구가 되고 싶다.

전체 내용 이해하기

○ 글의 두 친구들에 관한 내용이 <u>아닌</u> 것을 고르십시오. ·························· (   )

① 유강은 요리하는 것을 좋아한다.

② 민수는 여전히 유강에게 불친절했다.

③ 유강은 청소나 물건 정리를 싫어한다.

④ 민수는 유강 덕분에 맛있는 음식을 먹게 되었다.

세부 내용 이해하기

1 글 1과 2를 쓴 사람이 누구일까 생각해 보고 그 이름을 쓰십시오.

글 1 :

글 2 :

2 두 사람은 서로 어떤 도움을 받았습니까?

민수가 받은 도움 :

유강이 받은 도움 :

3 민수가 유강과 처음 만났을 때 자주 싸운 이유는 무엇입니까?

때문이다.

4 글에서 결국 두 사람 사이는 어떻게 되었습니까? 문장을 완성해 보십시오.

유강과 민수는 서로

읽은 내용 확장하기

○ 여러분의 친구 중 생각나는 친구와 잊지 못하는 친구 이야기를 해 봅시다.

어휘와 표현 익히기

● 다음 문장을 잘 읽고 **보기** 에서 알맞은 단어를 찾아 고쳐 쓰십시오.

보기				
말다툼	부럽다	덕분에	아무리	다르다

(1) 동양과 서양은 서로 [   ] 문화를 가지고 있다.

(2) [   ] 힘이 들어도 나는 열심히 공부해서 고국으로 돌아갈 거다.

(3) 내 남자 친구는 나와 [   ]을 하고 나면 항상 먼저 사과를 한다.

(4) 인터넷 [   ] 세계 곳곳의 소식을 알 수도 있고, 다른 나라의 친

구와 이야기도 나눌 수 있다.

(5) 내가 가장 [   ] 하는 사람은 한국어를 잘 하는 사람이다.

생각해 보기

● 옳은 일을 권하는 것이 친구의 도리이다. - 맹자

● 그 사람을 모르거든 그 벗을 보라. - 메난드로스

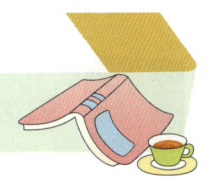

단 짝

나는 은정이와 성격이 너무 다르다. 나는 늘 실수가 많지만, 그녀는 차분한 성격이다. 우리는 그렇게 성격이 다르지만 어릴 때부터 늘 함께 다녔다. 학교에 갈 때도 화장실에 갈 때도 점심을 먹을 때도 집에 돌아갈 때도 우리는 항상 함께였다.

고등학교 3학년인 우리는 대학과 전공을 결정해야 했다. 은정이는 국어 선생님이나 소설가가 되고 싶어 했다. 그래서 국어국문학과에 가고 싶어 했다. 나는 은정이의 성격에 딱 어울리는 전공이라고 생각했다. 그렇지만 나는 어떤 학교에 가야할지 무엇을 전공해야 할지 결정하지 못했다. 그래서 우리는 여름 방학을 이용하여 거제도를 떠나 부산의 대학을 탐방하기로 계획을 세웠다.

더운 여름날 아침 우리는 버스를 탔다. 은정이는 버스 안에서 먹을 과자를 준비해 왔다. 우리는 과자를 먹으면서 부산에 있는 대학에 대해 이야기를 했다. 너무 목소리가 커서 옆 자리의 아저씨에게 야단을 맞기도 했다.

㉠이야기꽃을 피우는 동안 버스는 부산에 도착했고 우리는 서둘러 내렸다. 그런데 버스터미널을 빠져 나오다가 나는 내 손에 양산이 없는 것을 발견했다. 날이 더울 텐데 '어쩌나?' 하고 생각하고 있는데, 은정이가 웃으며 내 옆에서 양산을 흔들고 있었다. 차분해서 항상 물건을 잘 챙기는 은정이가 고맙고 부러웠다.

그날은 더운 날씨였지만 은정이 덕분에 우리는 부산의 대학 여기저기를 다니며 우리의 ㉡미래를 생각할 수 있었다.

● 전체 내용 이해하기

○ 글의 내용과 같으면 O, 다르면 ✕하십시오.

(1) 은정이는 덜렁대는 성격을 가진 친구이다. ⋯⋯⋯⋯⋯⋯⋯⋯ (   )

(2) 우리는 어딜 가든지 같이 다니는 단짝이었다. ⋯⋯⋯⋯⋯⋯⋯ (   )

(3) 고등학교시절 우리는 진로문제로 고민을 많이 했다. ⋯⋯⋯⋯ (   )

(4) 우리는 부산에 있는 고등학교에 다녔다. ⋯⋯⋯⋯⋯⋯⋯⋯⋯ (   )

● 세부 내용 이해하기

1 글 속에서 '나'가 걱정하고 있는 것은 무엇입니까? 다음 글을 완성해 보십시오.

'나'는 ☐☐☐☐☐ 과 ☐☐☐☐☐ 을 ☐☐☐☐☐ 하지 못해 걱정하고 있다.

2 글 속의 두 친구는 성격이 어떻게 다릅니까?

'나' :

'은정' :

3 밑줄 친 ㉠의 실제적인 뜻을 써 봅시다.

4 밑줄 친 ㉡은 결국 무엇을 의미하는지 글 속에서 찾아 쓰십시오.

5 글 속에서 친구 은정이의 차분한 성격이 드러나는 부분을 찾아 쓰십시오.

6 버스에서 옆 자리 아저씨에게 야단맞은 이유는 무엇입니까?

7 다음은 앞글을 요약한 것이다. ☐ 안에 들어갈 말을 쓰십시오.

> 햇볕이 아주 따가운 여름날 아침 우리는 버스를 타고 ☐☐☐☐☐☐ 향했다. 은정이는 ☐☐☐☐☐☐ 준비해 왔다. 우리는 버스 안에서 과자를 먹으면서 ☐☐☐☐☐☐☐☐ .
>
> 그런데 급하게 내리다가 나는 그만 양산을 잊어버렸다. 그러나 은정이가 ☐☐☐☐☐☐☐☐ .
>
> 그 날은 더운 날씨였지만 우리는 여러 대학을 돌아다니며 우리의 미래를 생각할 수 있었다.

🟠 **읽은 내용 확장하기**

● 잊지 못할 친구와의 추억을 이야기 해 봅시다.

1 (1) 다음 글 속에 있는 밑줄 친 단어와 의미가 같은 것을 고르십시오. ········· (   )

> **보기**
>
> ○ 나는 은정이의 성격에 **딱** 어울리는 전공이라고 생각했다.

① 웃음소리가 <u>딱</u> 그쳤다.

② 그는 항상 시간에 <u>딱</u> 맞추어 온다.

③ 누군가 뒤에서 머리를 <u>딱</u> 때렸다

④ 그는 잠을 잘 때 항상 입을 <u>딱</u> 벌리고 잔다.

(2) 다음 글 속에 있는 밑줄 친 단어와 의미가 같은 것을 고르십시오. ········ (   )

> **보기**
>
> ○ 거제도를 떠나 부산의 대학을 **탐방하기**로 계획을 세웠다.

① 동물원의 원숭이를 <u>구경하면</u> 너무 재미있는 일이 많다.

② 나는 겨울방학이 되면 언제나 전국의 공원에 <u>놀러간다</u>.

③ 부모님은 세계 유명한 관광지를 <u>둘러보느라고</u> 한 달 동안 집을 비우셨다.

④ 역사학과 학생들은 방학이 되면 그룹으로 나누어 전국의 유물들을 <u>조사하러</u>
　다닌다.

2 다음 문장을 잘 읽고 공통으로 들어갈 단어를 보기 에서 찾아 쓰십시오.

> 보기
>
> 흔들다   챙기다   다니다

(1) _____
- 우리 아버지께서는 은행에 [   ].
- 이 버스는 서울과 부산 간을 [   ] 버스이다.
- 나는 50세 이후에는 여행을 [   ] 살고 싶다.

(2) _____
- 내리실 때는 물건을 잘 [   ].
- 오늘 오후에 비가 오니까 우산을 꼭 [   ].
- 공원에 가면 사람이 많으니까 동생을 잘 [   ].

(3) _____
- 축구를 응원하는 관중들은 하나같이 태극기를 [   ].
- 내가 공항에 도착하자 가족들이 손을 [   ] 맞아 주었다.
- 바람이 심해지자 우리가 탄 배는 심하게 [   ] 시작했다.

[1]

우리 반에서 가장 인기가 있는 친구는 캐나다에서 온 찰리입니다. 찰리는 항상 자신감이 있고 활발해서 여학생들이 많이 좋아합니다. 중국에서 온 여명은 성격이 밝고 착해서 모두가 좋아합니다. 터키에서 온 핫산은 성실하고 부지런해서 선생님들이 좋아합니다.

1 이 글에서 소개하고 있지 <u>않는</u> 것을 고르십시오. ⋯⋯⋯⋯⋯⋯⋯ (　　　)

① 친구들의 장점　　　　② 친구들의 단점
③ 친구들의 성격　　　　④ 친구들의 행동

[2]

한국대학교 근처에 살고 있는 남학생입니다. 제가 살고 있는 집은 큰 방이 한 개 있고 작지만 깨끗한 거실도 있습니다. 저와 같이 방을 사용할 생각이 있으신 남학생은 연락 주십시오.

연락처: 010-1234-5678

2 이 글은 무엇에 대한 것입니까? ⋯⋯⋯⋯⋯⋯⋯⋯⋯⋯⋯⋯⋯⋯ (　　　)

① 방 친구 찾기　　　　② 하숙집 안내
③ 하숙생 구하기　　　　④ 집 위치 설명

[3~4]

　　유강은 내가 한국에 와서 처음 만난 외국인이다. 우리는 일 년 동안 같은 기숙사에서 살았다. 함께 생활한 얼마 동안, 우리는 자주 말다툼을 했다. (　　　) 유강이 청소나 정리를 잘 하지 않았기 때문이다. 그래서 항상 내가 청소를 해야 했다. 그렇지만 유강은 요리를 잘했다. 일요일이 되면 내가 한 번도 먹어 본 적이 없는 요리를 해 주었다. 나는 유강 덕분에 맛있는 중국음식을 자주 먹을 수 있었다. 그 후 나는 유강에게 저녁마다 한국어도 가르쳐주고 모르는 단어가 있으면 자세히 설명도 해 주었다. 처음에는 서로 불편했지만 나중에는 친하게 되어 서로를 돕게 되었다.

3　(　) 안에 들어갈 알맞은 단어를 고르십시오. ································ (　　　)
① 그러므로　　　　　　　② 예를 들면
③ 왜냐하면　　　　　　　④ 그렇기 때문에

4　이 글의 내용과 맞지 <u>않는</u> 것을 고르십시오. ······························ (　　　)
① 글쓴이는 한국어를 가르쳐 주는 선생님이 되었다.
② 글쓴이는 처음에 유강 때문에 불편한 생활을 했다.
③ 글쓴이는 유강 덕분에 맛있는 요리를 먹을 수 있었다.
④ 유강은 청소와 정리는 못하지만 요리는 잘하는 친구이다.

[5]

> 외국어를 잘하는 방법은 여러 가지가 있다. 그 중 좋은 방법 하나는 그 나라의 사람과 친구가 되는 것이다. 그런데 한국인이 한국에 살면서 외국인 친구를 만나기는 쉬운 일이 아니다. 그래서 인터넷 카페나 동호회를 통해 외국인 친구를 사귀기도 한다. 이곳에서 다양한 언어권의 사람을 만나 함께 대화를 하면서 생각을 주고받다 보면 자신도 모르게 외국어 실력이 늘어날 것이다.

5 이 글의 내용과 맞지 <u>않는</u> 것을 고르십시오. ──────────── (   )

① 한국에 살면서 외국인 친구를 사귀는 것은 쉽지 않다.
② 외국어를 잘하는 방법은 외국인과 친구가 되는 것이다.
③ 외국어를 잘하기 위해서는 꼭 외국인 친구와 사귀어야 한다.
④ 인터넷 카페나 동호회에 가입하면 외국인 친구를 만날 수 있다.

[6]

> 진정한 친구는 어떤 친구일까? 내가 힘들 때 위로와 격려를 해 주는 친구일까? 내 생각에는 나에게 좋은 일이 있을 때, 진심으로 축하해 주는 친구가 진정한 친구일 것 같다. 친구의 어려움을 위로해 주는 것보다 친구의 많은 돈과 성공을 축하해 주는 것이 더 어렵다고 생각하기 때문이다.

6 이 글의 중심 생각을 고르십시오. ──────────── (   )

① 진정한 친구가 되는 것은 어렵다.
② 부와 성공을 이루면 친구를 사귀기 어렵다.
③ 나의 좋은 일을 기뻐해 주는 사람이 진정한 친구이다.
④ 진정한 친구라면 친구가 힘들 때 위로해 주어야 한다.

어휘

□ 설명하다	□ 탐방하다
□ 그릇	□ 흔들다
□ 기숙사	□ 챙기다
□ 말다툼	□ 소설가
□ 끓이다	
□ 부러워하다	
□ 전혀	
□ 실수	
□ 차분하다	
□ 어울리다	

〈그릇〉

두 사람이 산길을 걷고 있는데 아주 큰 곰이 나타났다.

한 사람은 재빨리 옆에 있는 나무 위로 올라갔다.

남은 사람도 올라가고 싶었지만 먼저 올라간 친구가 도와주지 않았다.

그래서 그 친구는 죽은 척하고 있었다.

곰이 누워있는 친구에게 다가와서 무슨 말을 한 후에 산 속으로 사라졌다.

나무 위에 올라간 친구가 내려와서 물었다.

"친구, 곰이 무슨 말을 했어?"

" .... "

제2과

유학생활

1 선생님과 물고기
2 나의 실수담
3 '빨리빨리' 문화

선생님과 물고기

나는 베트남에서 온 유학생이다. 처음 한국에 왔을 때 서툰 한국어 때문에 여러 가지 실수를 많이 했다. 하루는 한국어 수업이 끝나고 기숙사로 돌아갈 때였다. 학교 정문쯤 갔을 때 우리 반 작문 선생님이 서 계신 것이었다.

나는 얼른 선생님께 다가가 "생선님, 안녕하세요?"라며 인사를 했다. 그때 선생님은 웃으면서 "나는 물고기님이 아니고 선생님이에요."라고 말씀하셨다. 나는 너무 부끄러워서 얼굴이 빨개졌다. 지금도 그때 일을 생각하면 웃음이 저절로 난다.

○ 한국에서 실수한 경험을 다시 생각해 봅시다.

나의 실수담

외국에서 살면서 느끼는 불편은 말이 통하지 않아 생기는 것이 대부분이다. 하지만 가끔 그 나라의 생활습관이나 문화를 몰라서 실수할 때도 있다. 나는 한국에 오기 전에 우리나라 대학교에서 한국어를 2년 동안이나 공부했다. 그래서 한국어는 제법 잘 하는 편이었는데도 여러 가지 실수가 많았다.

한국에 와서 처음 내가 지하철을 탔을 때의 일이다. 자동발매기에서 승차권을 사서 기계에 넣은 후, 곧바로 지하철 승강장으로 향했다. 그때 뒤에서 "학생, 표 가지고 가요."하며 아저씨가 내 표를 흔드는 것이었다. 나는 당황해서 그 표를 받자마자 얼른 지하철을 탔다. 마침 빈자리가 있어서 앉았다. 다음 역에서도 그 다음 역에서도 많은 사람들이 탔다. 그런데 이상한 것은 내 자리 옆이 비어 있는데도 지하철을 타는 사람들은 앉지 않고 계속 서 있는 것이었다. 그리고 내 맞은편에 앉은 할아버지와 할머니가 나를 쳐다보며 서로 무슨 말인가를 주고받는 것이었다. 나는 ㉠그 이유를 몰랐지만 그렇다고 물어 볼 수도 없었다.

며칠 후 다시 지하철을 탔을 때도 지난번처럼 또 그 자리가 비어 있었다. 나는 앉으려다가 문득 좌석 위로 눈이 갔다. 거기에는 ㉡'노약자석'이라고 쓰여 있었다. 그 단어가 무슨 뜻인지 무척 궁금했다. 지하철에서 내려서 친구를 만나러 갔다. 나는 친구를 만나자마자 궁금했던 것을 물어봤다. 그러자 친구는 웃으면서 '나이가 많은 노인들이나 몸이 불편한 분들이 앉는 자리'라고 말했다. 그래서 보통 젊은 사람들은 아무리 자리가 비어 있어도 잘 앉지 않는다고 했다. 나는 그 말을 듣고, ㉢그 날 내 맞은편의 할아버지와 할머니가 나를 보면서 무슨 말을 했을까를 생각하니 갑자기 ㉣얼굴이 확 달아올랐다.

벌써 1년이 지난 일이지만, 지금도 그날을 생각하면 너무 창피하다. 그때 이후로 ㉤그 자리엔 절대 앉지 않는다.

전체 내용 이해하기

○ 다음 중 글의 내용과 <u>다른</u> 것을 고르십시오. ·····················(   )

　① 글쓴이는 요즘에는 노약자석에 앉지 않는다.
　② 한국의 젊은이들은 노약자석에 잘 앉지 않는다.
　③ 글쓴이는 지하철을 타면서 표를 잃어버릴 뻔했다.
　④ 글쓴이는 한국에 오기 전에 한국어를 전혀 몰랐다.

세부 내용 이해하기

1　글에서 외국인들이 한국에서 대부분 저지르는 실수는 무엇 때문이라고 했습니까?

2　글에서 글쓴이의 실수는 무엇, 무엇이었습니까? 빈칸에 알맞은 글을 써 넣으십시오.

　(1) 승차권을 [   ] 않은 일
　(2) 지하철에서 [   ]을 잘 몰라서 앉아 있었던 일

3　글쓴이 옆 자리가 비어있는데도 사람들이 앉지 않은 이유는 무엇입니까?

4 다음 지시에 따라 답하십시오.

(1) 밑줄 친 ㉠의 '그 이유'가 무엇인지 글에서 찾아봅시다.

(2) 밑줄 친 ㉡의 뜻을 글에서 찾아봅시다.

(3) 밑줄 친 ㉢에서 할머니와 할아버지가 어떤 이야기를 주고받았는지 이야기해 봅시다.

(4) 밑줄 친 ㉣의 이유는 무엇입니까?

(5) 밑줄 친 ㉤의 '그 자리'를 글에서 찾아 옮겨 쓰십시오.

● 읽은 내용 확장하기

○ 한국에서 실수한 경험을 이야기 해 봅시다.

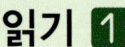

○ 다음 글의 내용에 해당하는 단어를 보기 에서 찾아 써 봅시다.

보기			
	당황하다	궁금하다	창피하다

(1) _____

제이미가 오늘도 학교에 오지 않았다. 벌써 일주일째 결석을 했다. 전화를 해도 받지 않는다. 도대체 무슨 일인지 모르겠다.

(2) _____

오늘 버스에서 내리다가 넘어졌다. 흔들리는 차 안에서 양손에 짐을 들고 걷기가 힘들었다. 버스 안에는 사람들이 많이 있었는데 모두 나를 쳐다보는 것만 같았다. 나는 얼굴이 빨개졌다.

(3) _____

친구와 함께 식당에 갔다. 내가 한턱을 내기로 하고 맛있는 음식을 많이 시켰다. 우리는 기분 좋게 음식을 배부르게 먹었다. 다 먹고 나서 계산을 하려고 하는데 아무리 찾아도 지갑이 없었다. 아마 기숙사에 놓고 왔나 보다. 그래서 결국 친구가 계산을 했다.

'빨리빨리' 문화

한국에 살면서 나는 '빨리빨리' 란 말을 자주 들었다. 그런데 한국 사람들은 말만 '빨리빨리' 가 아니라 마음도 매우 급한 것 같다. 이는 ㉠한국인들의 발걸음을 보면 쉽게 알 수 있다. 직장에서나 학교에서나 길거리에서나 빨리빨리 걷는다. 그런데 이 '빨리빨리' 가 지역에 따라 다르다. 대도시로 갈수록 발걸음이 더 빨라진다. 다시 말해 경남사람보다 부산사람의 발걸음이 더 빠르고, 부산사람보다 서울사람의 발걸음이 더 빠르다는 말이다. 지난해 서울에 갔는데 ㉡지하철역에서 뛰어다니는 사람들이 많았다. 역시 서울사람들이 부산사람보다 ㉢더 바쁜가 보다 생각했다.

한국인의 '빨리빨리' 습관은 원래부터 몸에 배어 있던 것은 아니라고 들었다. 한국은 아시아에서 가장 짧은 시간에 경제 발전을 이룬 국가이다. 그런 만큼 다른 사람들보다 더 '빨리빨리' 를 외칠 수밖에 없었을 것이다. 사실 나는 ㉣한국 사람들이 열심히 일하는 모습이 참 좋다.

나도 미얀마에서 살 때는 그다지 서두르는 성격이 아니었다. 하지만 지금은 다르다. 함께 살다 보면 서로 닮아간다고 했다. 나도 이제 한국인처럼 '빨리빨리' 를 선호하고 마음도 그렇게 바뀌었다. 처음에는 ㉮그런 생활이 불편했지만 지금은 아주 익숙해졌다. 그래서 ㉤느릿느릿 움직이는 사람을 보면 때때로 화가 나고, 왜 빨리 해주지 않나 하는 생각도 든다.

나는 내년에 공부가 끝나면 미얀마로 돌아간다. 그때 나는 한국의 '빨리빨리' 문화도 함께 가져 갈 것이다. 한국은 지금 '빨리빨리' 문화를 버리려고 하지만 ㉯우리는 다르다. 한국의 경제 발전 속도만큼 미얀마도 빨리빨리 발전해 나가기를 원한다. 그러기 위해서는 우리나라 국민도 한국인만큼 열심히 살아야 할 것이다.

전체 내용 이해하기

• 다음 중 본문의 내용과 <u>다른</u> 것을 고르십시오. ⋯⋯⋯⋯⋯⋯⋯⋯ (   )

① 한국인들의 걸음은 아주 빠르다.
② 대도시의 사람일수록 발걸음이 빠르다.
③ 글쓴이는 한국에 온 후로 성격이 변했다.
④ 한국의 빨리빨리 문화는 미얀마에서 왔다.

세부 내용 이해하기

1 글쓴이는 무엇 때문에 '빨리빨리' 문화를 미얀마에 가지고 가고 싶어 합니까?

　　미얀마의 　　　　　　　　　　 을 위해서

2 글에서 '서울, 부산, 경남' 중 사람들의 발걸음이 빠른 차례대로 써 보십시오.

　　　　　　　　　 〉 　　　　　　　　　 〉 　　　　　　　　　

3 '빨리빨리' 와 반대의 뜻을 가진 단어를 글 속에서 찾아 쓰십시오.

4   밑줄 친 ㉮가 지시하는 의미는 무엇입니까?

5   밑줄 친 ㉯는 구체적으로 무슨 뜻입니까?

6   다음 중 '빨리빨리' 문화와 관계 <u>없는</u> 것은 어느 것입니까? ⋯⋯⋯⋯ (　　　)

        ① ㉠   ② ㉡   ③ ㉢   ④ ㉣   ⑤ ㉤

읽은 내용 확장하기

○ 다음을 서로 이야기해 보십시오.

(1) 여러분은 한국에서 가장 자주 듣는 말이 무엇입니까?

(2) 여러분 나라에서 가장 자주 사용하는 말은 무엇입니까?

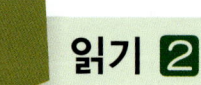

읽기 2

어휘와 표현 익히기

● 다음 문장을 잘 읽고 **보기** 에서 알맞은 단어를 찾아 고쳐 쓰십시오.

> **보기**
>
> 급하다   바쁘다   이르다

(1) 아직 4시 밖에 안 됐는데 저녁을 먹기에는 시간이 [   ].

(2) 민수는 성격이 [   ] 항상 말보다 행동이 앞선다.

(3) 은행은 점심시간이 가장 [   ] 그 때는 피하십시오.

(4) 마이크는 어머니께서 편찮으시다는 연락을 받고 [   ] 고향

으로 돌아갔다.

[1~3]

내가 20년 전, 한국에 처음 유학 왔을 때 버스 안에서 있었던 일이다. 사람이 많아서 서 있는데, 내 앞에 앉은 아주머니가 내 가방을 빼앗아 갔다. 나는 놀라 얼른 다시 그 가방을 빼앗아 왔다. 그런데 내 옆의 학생 가방도 앉아있는 어떤 아저씨가 빼앗아갔다. (㉠) 그 학생은 "고맙습니다."하고 인사를 하는 것이었다. 그리고 나중에 그 학생이 버스에서 내릴 때, 아저씨 무릎에 있는 가방을 도로 가져가며 또다시 "고맙습니다."하고 인사를 했다. 그때서야 '한국 사람들이 말없이 가방을 들어주는 것이 버스에서 일반화된 일이구나.' 하는 것을 깨달았다. 나는 아직 한국에 살고 있다. ㉡그런데 20년 전의 풍경을 요즈음은 버스 안에서 찾아보기 드물다.

1 (㉠)에 들어갈 말로 알맞은 것을 고르십시오. ⋯⋯⋯⋯⋯⋯⋯⋯⋯ (   )
① 그러므로   ② 그러자   ③ 그래서   ④ 그리고

2 ㉡에서 느낄 수 있는 글쓴이의 마음으로 알맞은 것을 고르십시오. ⋯⋯⋯ (   )
① 한국인의 이상한 풍습에 대한 거부감
② 버스에서의 불편함에 대한 짜증스러움
③ 어른에 대한 학생들의 공손함에 대한 부러움
④ 사람들 사이에서 사라지고 있는 정에 대한 그리움

3 이 글에서 알 수 없는 것을 고르십시오. ⋯⋯⋯⋯⋯⋯⋯⋯⋯⋯⋯⋯⋯⋯ (   )
① 글쓴이는 외국인이다.
② 글쓴이는 계속 한국에서 살았다.
③ 글쓴이는 현재 한국에 살고 있다.
④ 글 속의 아주머니와 아저씨도 외국인이다.

[4]

> 장명미 선생님께
>
> 낯선 한국에 와서 모든 것이 힘들고 외로울 때, 선생님께서 베풀어 주신 은혜가 너무 고마웠습니다. 유학 생활 동안, 학교에서 만난 선생님과 친구들은 제 가족과 같았습니다. 이제 그 동안의 유학생활을 마치고 우리나라로 돌아가려고 합니다. 돌아가기 전 고마웠던 친구와 선생님을 모시고 감사하는 자리를 마련하려고 합니다. 바쁘시겠지만 꼭 참석해 주시면 감사하겠습니다.

4 이 글은 어떤 종류의 글입니까? ··· (   )
　① 주장하는 글　　　　　　　② 초대하는 글
　③ 설명하는 글　　　　　　　④ 느낌을 쓴 글

[5]

> 유학 생활 중 잦은 실수가 말 때문이다. 유학 생활을 한 지 몇 개월이 지났을 때, 생활비가 부족하여 아르바이트로 음식점 배달을 시작했다. 한 아파트에 배달을 갔지만, 배달할 집을 잘 찾지 못하고 있었다. 그때 경비원 아저씨가 이 아파트에 무슨 일로 왔느냐고 물었다. 나는 배달 왔다고 했다. 그러자 아저씨가 나를 화장실로 데려다 주었다. 나중에야 내가 배달을 배탈이라고 하여 생긴 일이라는 것을 알았다.

5 이 글에서 글쓴이는 어떤 실수를 하였습니까? ································· (   )
　① 집을 잘못 찾았다.　　　　　② 생활비를 잃어 버렸다.
　③ 한국어 발음을 잘못했다.　　④ 화장실을 잘 찾지 못했다.

어휘

☐ 서툴다	☐ 창피하다
☐ 작문	☐ 발걸음
☐ 빨개지다	☐ 배다
☐ 저절로	☐ 선호하다
☐ 통하다	☐ 익숙해지다
☐ 승차권	
☐ 승강장	
☐ 당황하다	
☐ 궁금하다	
☐ 비다	
☐ 달아오르다	

〈지하철 승차권〉

유학생활 10계명

1. 규칙적인 생활을 하라.

일찍 자고 일찍 일어나는 게 가장 좋다. 아침을 늦게 시작하면 하루가 너무 짧다. 유학생활은 길어도 1년 아니면 2년 정도이다. 아침을 버리면 1년을 버리는 것과 마찬가지이다.

2. 매일 운동하라.

떨어진 성적은 회복이 가능하나 떨어진 체력은 회복할 길이 없다. 체력이 떨어지면 아르바이트는 물론 공부도 할 수 없다. 어떤 운동이든지 일주일에 최소한 한 번 이상을 땀을 내며 해야 한다.

3. 예습은 필수다. 학업에 충실해라.

복습은 나중에도 할 수 있으나 예습은 그 때가 아니면 못한다. 예습 20분은 복습 40분의 효과보다 크다. 수업 시간에 예습한 것을 질문해서 선생을 깜짝 놀래주자. 복습도 매일매일 하는 것이 좋다. 그리고 절대로 학교를 빠져서는 안 된다. 숙제도 꼬박꼬박 하는 걸 잊지 말자.

4. 목표를 잃지 말라.

　계획 없는 생활은 죽음이다. 매일, 일주일, 한 달의 각각의 계획을 짜라. 유학 생활은 단순할수록 좋다. 오늘부터라도 하루 일정표를 짜 보자. 내가 이 한국에 왜 왔는가? 누굴 위해 무얼 위해 이 일을 하고 있는가를 생각하라.

5. 긍정적으로 사고하라.

　한국인이 그런 행동을 하는 데는 그들 나름대로의 그럴만한 이유가 있다. 한국의 상황을 있는 그대로 받아들이고 최대한 적응하는 것이 한국에서 잘 사는 길임을 잊지 말자. 만일 한국인 속에 들어가기 싫으면 하루라도 빨리 고국으로 돌아가는 것이 좋다.

6. 동족의 친한 친구를 만들어라.

　친구는 위험에 빠졌을 때 큰 힘이 된다. 그러나 때로는 이길 수 없는 강력한 적이 된다는 사실도 잊어버리지 말라. 따라서 적으로 변하는 친구를 가능하면 만들지 말라. 친구랑 너무 친해지면 놀고 싶은 유혹에 빠지기 쉽다. 한국 유학생활을 망치게 하는 적은 한국인이 아니다. 바로 우리의 가까운 친구들이 된다는 것을 잊어버려서는 안 된다.

7. 이성 친구를 잘 사귀어라

이성 친구는 유학생활에 도움이 안 된다는 것이 많은 사람의 의견이다. 이성 친구와 유학생활을 병행하기는 낙타가 바늘구멍으로 들어가는 것만큼 힘들다. 이성 친구를 사귀더라도 너무 깊어지지 않도록 하라.

8. 토요일과 일요일을 잘 보내라

토요일과 일요일은 자기 시간으로 보면 평일 5일을 모두 합한 것보다 많은 시간이다. 교회 가는 시간, 운동하는 시간 등의 꼭 필요한 시간 외에는 예습과 밀린 복습을 하자. 시간이 많을 때일수록 시간을 쪼개어 이용하라. 일요일을 망치면 월요일도 없다.

9. 한국인 친구를 사귀어라

유학생활의 첫 번째가 언어라면 두 번째는 당연히 한국인 친구이다. 한국에서 한국인 친구를 사귀지 못 했다면 유학생활 절반은 실패이다. 한국인이 싫다고 한국 친구를 사귀지 않는다면 본인의 나라로 돌아가는 게 낫다. 한국인 친구는 아무리 강조해도 지나치지 않다. 진실한 한국 친구 셋이면 유학생활은 당연히 성공이다.

10. 혼자서 극복하라.

유학생활은 어차피 자신과의 싸움인 것이다. 교통사고가 나거나 죽을병에 걸렸을 때 정도의 위급한 상황이 아니면 스스로 해결하고 이겨내자. 어렵거나 힘든 일이 있으면 투덜거리거나 짜증을 내지 말고 그것을 극복하자.

제3과

생 일

1 깜짝 파티
2 생일 케이크
3 생일 잔치

깜짝 파티

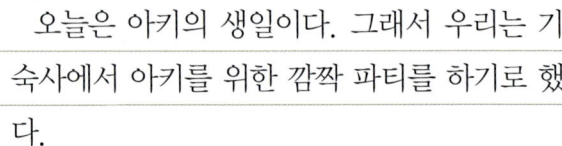

오늘은 아키의 생일이다. 그래서 우리는 기숙사에서 아키를 위한 깜짝 파티를 하기로 했다.

아키는 아무에게도 자신의 생일을 말하지 않았다. 그러나 나는 아키가 자신의 달력에 빨간색으로 '내 생일'이라고 쓴 것을 보았다.

처음에는 "생일 축하해!"라고 말하면서 선물을 주려고 했다. 그렇지만 생일 선물보다 아키에게 영원히 잊을 수 없는 추억을 만들어 주고 싶었다. 그래서 아키에게 말하지 않고 친구들과 생일 파티를 준비했다.

아키는 매일 도서관에서 공부를 하다가 저녁 6시쯤에 기숙사로 돌아온다. 그래서 우리는 6시 전까지 파티 준비를 해야 한다. 유이는 지금 맛있는 음식을 만들고 있다. 나희는 케이크를 사러 갔다. 프엉과 나는 청소를 하고 풍선을 가득 달았다. 그리고 큰 종이에 "아키, 생일 축하해!"라고 써서 벽에 붙였다. 아키가 항상 친구들에게 한국어를 잘 가르쳐

주기 때문에 우리 모두 즐거운 마음으로 준비했다.

아키는 지금 엘레나와 함께 도서관에서 공부를 하고 있다. 아마 아무것도 모르고 있을 것이다. 기숙사에 도착하기 전에 엘레나가 나에게 전화하기로 했다. 우리는 엘레나의 전화를 받으면 기숙사의 불을 모두 끄고 조용히 아키가 오기를 기다릴 것이다. 아키가 기숙사 문을 열고 들어와서 불을 켜면 우리는 폭죽을 터뜨리면서 "아키, 생일 축하해!"라고 소리칠 것이다. 아키가 뭐라고 할까? 깜짝 놀랄까? 너무 궁금하다. 빨리 엘레나에게 전화가 왔으면 좋겠다.

○ 친구들은 아키의 생일을 위해 무엇을 준비했습니까?

○ 잊지 못할 여러분의 생일 추억이 있습니까?

생일 케이크

내가 작년에 대학교 기숙사에서 생활할 때였다.

그날은 내 생일이었는데, 같은 과 친구들과 약속이 있어서 기숙사를 막 나가려고 하고 있을 때, 후배 철민이가 왔다. 철민이는 오늘이 내 생일이라는 것을 알고 나에게 생일 케이크를 줬다. 고맙다고 인사를 한 후, 나는 시간이 없어서 그 케이크를 책상 위에 두고 바로 나와 버렸다.

그날 밤, 내가 기숙사로 돌아온 시간은 밤 10시쯤이었다. 그런데 나는 깜짝 놀랐다. 영이가 옆방 친구들과 함께 케이크를 먹고 있는 것이었다. 그 케이크는 내 것인데……. 영이는 활짝 웃으면서 나에게 케이크를 한 조각 주었다. 깜짝 놀란 얼굴로 영이를 쳐다보니까 영이는,

"오늘 돌아오니까 내 책상 위에 케이크가 있었어. 그런데 누가 준 건지 아무도 몰라. 너도 보지 못 했니?"

"응, 응, 그래? 영이 책상 위에 케이크가 있었어?"

"오늘이 화이트 데이잖아! 영이를 짝사랑하는 어떤 남학생이 놓고 간 것이 분명해."

미라가 케이크를 한 입 먹으면서 말했다.

사실 내 생일은 3월 14일이다. 그날은 화이트 데이이기도 하다. 그래서 모두 영이를 좋아하는 남학생이 아무도 몰래 영이에게 케이크를 선물했다고 생각하고 있었다. 그 자리에서 그건 내가 받은 것이라고 말하고 싶었지만, ㈎ 도저히 그렇

게 말할 수가 없었다.

결국 일 년이 지난 지금까지도 영이는 그날 먹은 케이크가 내 것이었다는 사실을 모르고 있다. 내일은 3월 14일이다. 내일도 누군가가 나에게, 아니 영이에게 케이크를 선물해 줄지 궁금하다.

🔍 **화이트 데이(White day):** 3월 14일. 남자가 여자 친구에게 사탕 등을 선물하면서 좋아하는 마음을 전하는 날이다.

전체 내용 이해하기

• 글의 내용과 <u>다른</u> 것을 <u>모두</u> 고르세요. ·· (   )

① 나는 철민이의 선배이다.

② 나의 생일은 3월 14일이다.

③ 철민이는 영이에게 케이크를 주었다.

④ 영이의 책상 위의 케이크는 화이트데이 선물이다.

⑤ 영이는 책상 위의 케이크를 친구들과 나누어 먹었다.

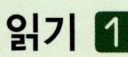

세부 내용 이해하기

1 이 글은 어느 날과 어느 날이 같아서 생긴 일화(에피소드)입니까?

	과	

2 글을 잘 읽고 다음 물음에 답하십시오.

(1) 영이가 먹은 케이크는 [   ]이/가 [   ]에게 준 것이다.

(2) 밑줄 친 ㈎의 이유는 무엇입니까?·······························(   )
   ① 벌써 케이크를 먹어 버려서
   ② 나는 영이를 싫어하기 때문에
   ③ 영이가 케이크를 너무 좋아해서
   ④ 친구들 앞에서 영이가 부끄러울 것 같아서

(3) 영이는 왜 케이크가 자기 것이라고 생각했습니까?

읽은 내용 확장하기

○ 여러분의 나라에 있는 '생일' 과 관련된 독특한 문화를 이야기해 봅시다.

생일 잔치

한국에서는 옛날에 아기가 태어나면 아기와 엄마가 있는 방의 입구에 금줄을 걸었다. 금줄이 있으면 외부 사람들이 함부로 그 곳에 들어가지 못했다. 가족들도 들어가기 전에는 꼭 몸을 깨끗이 씻어야 했다. 아기가 태어난 지 21일이 지나면 금줄을 치우고 다른 사람들도 아기의 얼굴을 볼 수 있었다. 아기가 태어난 지 백일이 되면 떡과 음식을 준비하여 백일잔치를 열었다. 또한 어린 아이에게는 정식 이름을 지어주지 않았다. 그 대신 별명을 불렀다. 태어난 지 일 년이 지나면 아이는 말도 하고 걷기도 하는데, 이렇게 건강한 모습을 보면 아이에게 이름을 지어준다. ㉠이러한 일은 모두 아기가 병에 걸리지 않고 건강하게 자라기를 바라는 어른들의 마음에서 생겨난 풍습이다.

태어난 지 일 년째 되는 날은 아이의 첫 생일이기 때문에 큰 잔치를 여는데, 이를 돌잔치라고 한다. 생일은 일 년에 한 번씩 돌아오지만, 돌은 평생에 한 번이다. 그래서 요즘도 돌날에는 손님을 초대하여 음식을 대접하고 기념사진을 찍는 등 큰 행사를 하고, 아이의 태어남을 축하하고 건강을 기원한다. 돌날에는 돌잡이라는 재미있는 풍습이 있다. 돌잡이는 아이의 앞에 실, 돈, 연필 등의 여러 가지 물건을 얹어 놓고 그 중에서 무엇을 잡는가를 보는 것이다. 이것을 보고 아이의 장래 직업을 예상한다. 요즘에는 돌상에 사진기, 컴퓨터 등을 얹기도 한다.

아이가 어른이 되고 결혼을 해서 가정을 만들어 살다가 또 한 번 아주 큰 생일잔치를 여는데, 그것은 환갑이다. 환갑은 태어난 지 60번째 맞이하는 생일이다. 이는 그동안 건강하게 오래 산 것을 축하하는 잔치이기도 하다. 요즈음은

장수하는 사람이 많지만 옛날에는 60살을 넘기는 사람이 드물었기 때문이다.

백일잔치나 돌잔치는 부모님들이 자녀가 건강하게 살기를 바라는 마음에서 여는 잔치이다. 하지만 환갑잔치는 자녀들이 앞으로 부모님이 건강하게 오래오래 살기를 바라는 마음에서 열어 드리는 잔치이다.

전체 내용 이해하기

○ 다음 중 글의 내용과 같은 것에는 ○, 다르면 × 하십시오.

(1) 갓 태어난 아기는 아무나 볼 수 없다. ─────────────── (   )

(2) 첫돌이 될 때까지는 아이의 별명을 부른다. ─────────── (   )

(3) 백일과 돌은 지금까지도 꼭 챙기는 잔치이다. ─────────── (   )

(4) 환갑은 결혼을 한 후 처음 맞는 생일이다. ─────────── (   )

세부 내용 이해하기

1 이 글은 한국에서 한 사람이 살아가는 동안 축하하는 날에 관한 글이다. 다음 날에 해당하는 잔치 이름을 쓰십시오.

○ 태어난 지 100일 째   :

○ 태어난 지 1년 째   :

○ 태어난 지 60번 째   :

2 백일잔치, 돌잔치와 환갑잔치의 가장 큰 차이점은 무엇입니까?

- 백일잔치, 돌잔치 : [   ]가 [   ]에게 해 주는 잔치

- 환갑잔치 : [   ]가 [   ]에게 해 주는 잔치

3 다음은 무엇 때문에 있게 된 일인지, 도서관이나 인터넷을 이용하여 찾아 적어 봅시다.

- 태어난 지 21일까지 금줄을 치는 이유는?

  [   ] 때문이다.

- 정식 이름을 지어주지 않고 별명을 지어주는 이유는?

  [   ] 때문이다.

4 돌날 풍습인 '돌잡이'에서 '실, 돈, 연필'은 각각 무엇을 의미하는지 알아봅시다.

- 실 :

- 돈 :

- 연필 :

5 밑줄 친 ㉠의 '이러한 일'에 해당되는 것을 <u>모두</u> 찾아 쓰십시오.

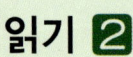 

읽은 내용 확장하기

○ 훗날, 여러분의 아이는 돌잡이 중 어느 것을 잡았으면 합니까? 그 이유는 무엇입니까?

어휘와 표현 익히기

○ 다음 문장을 잘 읽고 공통으로 들어갈 단어를 **보기** 에서 찾아 쓰십시오.

보기			
	치다	짓다	맞다

(1) _____

- 약국에서 약을 [   ] 의사의 처방전이 필요하다.
- 내 이름은 할아버지께서 [   ] 주셨다.
- 아버지의 편지를 읽으신 어머니는 입가에 미소를 [   ].

(2) _____

- 친구의 딸을 며느리로 [   ].
- 이 식당에는 입에 [   ] 음식이 하나도 없다.
- 명수는 나와 가장 잘 [   ] 친구이다.

(3) _____

- 낮에는 햇빛이 강하니까 커튼을 [   ] 한다.
- 음식이 싱거우면 소금을 더 [   ].
- 오늘 태풍이 불어서 바닷가에 파도가 심하게 [   ].

[1]

> 한국대학병원에서 잠든 아기가 어떤 소리에 반응하는지를 연구했다. 이 결과, 음악 소리에는 절반 정도가 잠을 깼는데 반해, 엄마의 목소리에는 거의 모두가 깼다. 그 이유는 어린 아기에게는 항상 듣던 엄마의 목소리가 음악소리보다 더 잘 들리기 때문이라고 한다.

1 이 글과 내용이 같은 것을 고르십시오. ⋯⋯⋯⋯⋯⋯⋯⋯⋯⋯⋯⋯⋯⋯⋯⋯⋯ (   )
① 한 병원에서 엄마의 목소리를 연구했다.
② 아기들이 잘 때는 음악을 들려주면 안 된다.
③ 아기들은 주로 엄마의 목소리를 듣고 일어났다.
④ 아기를 깨우기 위해서 음악을 이용하는 것이 좋다.

[2]

> (가) 그게 아니라 고향은 사랑하는 가족과 함께 살았던 곳이기 때문이다.
> (나) 뿐만 아니라 어린 시절의 추억이 남아있는 장소이기도 하기 때문이다.
> (다) 단지 자신이 태어난 곳이라는 사실 때문일까?
> (라) 사람들이 고향을 특별하게 생각하는 이유는 무엇일까?

2 이 글을 순서대로 맞게 배열하십시오.
(→   →   →   )

[3~4]

> 이한솔님! 생일을 축하합니다.
> 5월 2일이 생일이시군요.
> 이한솔님이 태어날 때의 모습을 상상해 봅니다.
> 축복받은 탄생! 모두들 기뻐하였겠지요.
> 5월은 참 아름다운 계절입니다. 초록의 나무와 풀, 예쁜 꽃들이 많은 계절이지요. 이런 좋은 계절에 태어나신 이한솔님 또한 아름다운 사람일 것이라 생각합니다.
> 이한솔님의 생일을 맞아, 그 동안 저희 서점을 자주 이용해주신 답례로 극장표 두 장을 보내드리니, 좋으신 분과 함께 즐거운 시간 보내시기 바랍니다. 앞으로도 저희 서점에 자주 들러 주시기 바랍니다.
>
> 안락 서점 대표

3 안락 서점 대표가 이한솔님에게 극장표를 보내주는 이유가 <u>아닌</u> 것을 고르십시오. ( )

① 이한솔님의 생일 선물로
② 이한솔님이 서점 고객이라서
③ 이한솔님이 5월에 태어난 사람이기 때문에
④ 이한솔임이 자주 서점을 이용해 주기 바라는 마음에서

4 이 글을 통해 알 수 <u>없는</u> 것을 고르십시오. ( )
① 편지를 보낸 이유　　　② 편지를 받는 사람
③ 편지를 보낸 날짜　　　④ 편지를 보낸 사람

□ 추억	□ 얹다
□ 달다	□ 예상하다
□ 폭죽	□ 맞다
□ 터뜨리다	□ 넘기다
□ 조각	□ 드물다
□ 짝사랑	
□ 금줄	
□ 치다	
□ 함부로	
□ 짓다	
□ 풍습	
□ 기원하다	

〈폭죽〉

간지에 관하여

쥐	소	호랑이	토끼
1996년	1997년	1998년	1999년

용	뱀	말	양
2000년	2001년	2002년	2003년

원숭이	닭	개	돼지
2004년	2005년	2006년	2007년

제4과

취 미

1 한국인의 취미
2 마술하는 치과의사
3 취미를 직업으로

한국인의 취미

    한국인이 가장 즐기는 취미는 등산이며, 그 다음은 독서, 음악 감상, 컴퓨터게임, 운동·헬스, 인터넷·컴퓨터, 낚시라고 한다.

    취미는 나이에 따라서도 다르다. 전반적으로 젊은이들은 컴퓨터나 음악 등 감각적이고 빠르게 변화하는 취미들을 즐기는 편이다. 그러나 중장년층은 등산, 낚시, 여행 등 자연과 함께 하는 취미를 즐긴다.

● 여러분의 취미는 무엇입니까?

마술하는 치과의사

　나는 오늘 3살짜리 딸을 데리고 치과에 갔다. 딸은 치과에 가는 것을 제일 싫어한다. 왜냐하면 의사를 아주 무서워하기 때문이다. 그런데 내가 오늘 만난 치과의사는 좀 달랐다.

　보통 의사라면, 가운을 입고 안경을 쓰고 좀처럼 웃지 않는 얼굴이다. 그런데 그 의사는 곱슬머리를 노란색으로 염색하고, 목걸이를 하고 있었다. 나이는 40대인데 모습은 마치 20대의 젊은이와 같았다. 염색한 머리에 목걸이를 한 의사라니!

　그 의사는 무서워하는 딸을 의자에 앉혔다. 그리고 나서 바로 주머니에서 골프공을 3개 꺼냈다. 그리고 손가락 사이에 그 공을 끼웠다. 아니, 이럴 수가! 손가락 사이에 있던 3개의 공이 하나씩 없어졌다. 그러자 아이의 무서워하던 표정이 순식간에 사라졌다. 치료를 끝내고 나는 잠시 그 의사와 이야기를 했다.

　"병원 일이 바쁜데 어떻게 마술까지 배웠어요?"

　"어릴 때부터 마술을 아주 좋아했어요. 마술을 배우기 위해 마술학원에 다닌 적도 있어요. 학원에서 공마술, 카드마술, 무대마술도 배웠어요."

　"정말 마술사 같아요. 연습을 자주 하시나 봐요?"

　"네, 전문가처럼 마술을 자연스럽게 하기 위해선 연습을 아주 많이 해야 해요. 정말 ⊙공짜로 얻는 건 하나도 없어요."

　그 의사의 마술은 특히 아이들에게 인기가 있었다. 꼬마 환자들이 울거나 무서워할 때는 더욱 그랬다. 인사를 하고 나오는데 뒤에서 말했다.

　"일도 중요하지만 자기가 하고 싶은 걸 하면서 사는 것이 더 행복하잖아요!"

　나는 오늘 특별한 취미를 가진 특별한 의사의 그 말이 너무 부러웠다.

전체 내용 이해하기

○ 다음을 잘 읽고 글의 내용과 <u>다른</u> 것을 고르십시오. ⋯⋯⋯⋯⋯⋯⋯ (   )

① 내가 만난 의사는 20대로 보인다.

② 내가 만난 의사는 소아과 의사이다.

③ 내가 만난 의사는 학원에서 다양한 마술을 배웠다.

④ 내가 만난 의사는 마술을 잘 하고 싶어서 열심히 노력했다.

세부 내용 이해하기

1 글쓴이가 만난 치과의사는 어떤 점에서 보통 의사와 달랐습니까?

○ 외모 :

○ 취미 :

2 보통 의사는 어떤 모습일까요?

3 글 속에서 의사는 사람이 더 행복하게 사는 방법을 무엇이라고 했습니까?

                                                        는 것.

4 치과의사가 마술을 하게 됨으로써 좋았던 일은 무엇입니까? 얘기해 봅시다.

5 밑줄 친 ㉠이 의미하는 것은 다음 중 어느 것일까요? ⋯⋯⋯⋯⋯⋯⋯ (   )

① 어느 것이나 돈을 주고 사야 한다.

② 의사가 되는 데 돈이 많이 들었다.

③ 열심히 하지 않으면 잘 할 수 없다.

④ 공짜로 얻을 수 있는 것은 하나밖에 없다.

어휘와 표현 익히기

○ 다음 문장을 잘 읽고 **보기** 에서 알맞은 단어를 찾아 고쳐 쓰십시오.

보기						
좀	다르다	좀처럼	바로	순식간에	잠시	공짜로

(1) 조기 유학에 대해 사람마다 모두 생각이 [   ].

(2) 그 식당은 어버이날에는 노인들에게 [   ] 식사를 제공한다.

(3) 핵폭탄은 [   ] 많은 인명 피해를 줄 수 있는 무서운 것이다.

(4) 왕핑은 참 마음이 넓은 사람이다. 그는 [   ] 화를 내지 않는다.

(5) 오늘 친구가 만들어 준 음식, 그 맛이 [   ] 내가 좋아하는 그런 맛

이었어.

(6) 열심히 공부를 하다가 [   ] 머리를 식히려고 바깥에 나왔다.

(7) 머리가 [   ] 아파요. 먹을 약 [   ] 주세요.

생각해 보기

○ 행복의 비밀은 좋아하는 일을 하는데 있는 것이 아니라 해야 할 일을 하는 데 있다.

–제임스 M. 배리 경

취미를 직업으로

(가) 고등학교 3학년 겨울 방학이었다. 대학에 합격한 선물로 부모님과 함께 3박 4일 동안 일본 여행을 갔다. 그것이 나의 첫 해외여행이고 지금까지도 가장 기억에 남는 여행이다.

(나) 공항에서 비행기 출발 시간을 기다릴 때, 비행기 좌석에 앉아서 창밖으로 하늘을 바라볼 때, 비행기 착륙이 무서워서 두 눈을 꼭 감아야 했던 그 때를 생각하면 지금도 가슴이 뛴다. 텔레비전을 켜면 일본어가 나오고 공원이나 식당이나 어디를 가도 일본어를 들을 수 있다는 것도 신기했다. 특히 언제 폭발할지 모르는 화산의 연기와 유황 냄새를 나는 아직도 잊을 수 없다.

(다) 일본 여행을 계기로 나는 대학교에 입학한 후로는 방학이 되면 무조건 배낭을 메고 비행기를 탔다. 여행비용은 열심히 아르바이트를 해서 준비했다. 일본, 중국, 베트남, 태국, 프랑스, 독일, 러시아……. 지금까지 내가 여행한 나라는 모두 50여 개국, 도시는 200개가 넘는다. 모두 내가 직접 각 나라의 날씨, 교통, 역사, 문화 등에 관한 정보를 이용해서 여행을 했다. 그래서 나는 한 번 다녀온 곳은 절대 잊어버리지 않는다. 이 때문에 나는 대학교에서 여행박사라는 별명이 생겼다.

(라) 친구들이 배낭여행을 가기 전에는 항상 나에게 와서 물었다. 그 도시의 유명한 곳, 싸고 맛있는 음식점, 교통과 할인 정보까지. 그런 친구들을 위해서도 나는 여행을 갈 때마다 모든 정보를 모으고 사진을 찍었다.

(마) 내가 4학년이 되었을 때, 나는 취직을 준비해야 했다. 그런데 내가 만약 취직을 하면 좋아하는 여행을 자주 할 수 없다는 생각이 들었다. 나는 여행도

자주 하고 돈도 벌 수 있는 일을 생각했다. 그래서 시작한 일이 지금 내가 운영하고 있는 여행사이다. 처음에는 집에서 컴퓨터 하나로 여행사를 시작했지만, 10년이 지난 지금은 직원이 20명이나 있는 중소기업이 되었다.

(바) 이 여행사를 운영하는 동안 손해를 보기도 하고 고생도 많이 했지만, 나는 한 번도 이 일을 시작한 것을 후회한 적이 없다. 왜냐하면 여행은 내가 가장 좋아하는 일이기 때문이다.

전체 내용 이해하기

• 글의 내용과 <u>같은</u> 것을 <u>모두</u> 고르세요. .... (   )

① 여행사 사장이 된 것을 후회한다.

② 나는 대학에서 여행학 박사를 받았다.

③ 나의 첫 해외여행은 부모님과 함께 갔다.

④ 처음에는 사무실을 빌려 여행사를 시작했다.

⑤ 대학교 때는 방학이 되면 항상 여행을 떠났다.

세부 내용 이해하기

1   글쓴이가 제일 기억에 남는 여행은 어떤 여행이었습니까?

☐☐☐ 과 함께 갔던 ☐☐☐ 여행

2 글쓴이가 여행할 곳의 정보를 모으는 이유는 무엇입니까? <u>모두</u> 찾아보십시오.

3 글쓴이가 여행사를 차린 까닭은 무엇입니까?

만일 [　　　　] 를 하면 [　　　　] 을 [　　　　　　] 고 생각했기 때문

4 글쓴이가 여행사를 차린 것을 후회한 적이 없는 까닭은 무엇입니까?

[　　　　] 가 [　　　　　　] 이기 때문

5 글에서 '꿩 먹고 알 먹고' 란 한국 속담에 해당되는 부분을 찾아 쓰십시오.

6 각 단락의 제목으로 적당한 것을 골라 연결해 보십시오.

(가) •   • ㉠ 친구들을 위한 여행정보

(나) •   • ㉡ 나의 첫 해외여행

(다) •   • ㉢ 여행사 차림

(라) •   • ㉣ 취미와 직업 연결

(마) •   • ㉤ 대학 때의 여행 경험

(바) •   • ㉥ 일본여행의 추억

읽은 내용 확장하기

1 여러분의 취미는 무엇입니까?

2 취미를 이용해서 돈을 벌어 본 적이 있습니까?

3 취미를 살려서 직업을 가지고 싶다는 생각을 한 적이 있습니까?

어휘와 표현 익히기

1 다음 문장에 들어갈 말을 앞글에서 찾아 알맞게 고쳐 쓰십시오.

- 동경 오전 9시 출발 비행기가 방금 인천공항에 [   ].
- 요즈음 인터넷으로 [   ]를 찾는 사람이 많다.
- 큰 기업을 [   ] 하는 것은 쉽지 않다.
- 정부에서는 대기업보다 [   ]에 대한 지원을 크게 확대했다.
- 우리 어머니는 술을 마시는 것은 [   ] 나쁘다고만 한다.

2 여행의 종류를 생각해 보거나 인터넷에서 찾아 적어 봅시다.

여행의 종류	
배낭여행,	

[1~4]

> | ㉠ |
>
> 내 취미는 자연이나 아이들 사진을 찍는 것이다. 왜냐하면 산과 바다 같은 자연이나 아이들의 귀여운 모습을 좋아하기 때문이다. (㉡) 휴일에는 자주 아이들을 데리고 사진을 찍으러 나간다. 예전에는 수동카메라를 가지고 있었는데, 이번에 보너스를 타서 디지털 카메라를 새로 샀다. (㉡) 오늘은 디지털 카메라를 가지고 가족과 함께 소풍을 갔다.
>
> 주말이어서 도로가 많이 막혔다. 차 안에서 아이들은 울고 싸웠다. 목적지가 아직 멀었지만 어쩔 수 없이 나는 차를 세웠다. 마침 주위에 나무그늘이 있었다. 우리는 그 그늘에 앉아 김밥을 먹었다. 아이들과 아내가 쉬고 있는 사이, 나는 여기저기 다니면서 자연의 모습을 찍었다. 열심히 사진을 찍고 있는데 갑자기 발밑에 뭔가 밟혔다. 기분이 이상해서 아래를 보니 뱀 한 마리가 그 곳에 있었다. 너무 놀라서 ㉢뒤도 돌아보지 않고 차 쪽으로 뛰었다.
>
> 집에 돌아와 보니 새로 산 카메라가 없었다. 뱀 때문에 놀라서 카메라를 떨어뜨린 것이다. 그 날 새로 산 카메라도 아깝고 열심히 찍은 사진도 너무 아까웠다.

1 ㉠에 들어갈 이 글의 제목을 만들어 보십시오.

잃어버린 [   ]

2 (㉡) 속에 공통적으로 들어갈 말을 고르십시오. ································ (   )
① 그런데   ② 그러나   ③ 그래서   ④ 그렇지만

3 밑줄 친 ㉢의 의미와 같은 것을 고르십시오. ································ (   )
① 천천히   ② 재빨리   ③ 태연하게   ④ 자연스럽게

4 이 글의 내용과 <u>다른</u> 것을 고르십시오. ────────────────── (   )
① 주말이어서 길이 많이 막혔다.
② 결국 글쓴이는 목적지까지 가지 못했다.
③ 글쓴이가 오늘 잃어버린 것은 수동카메라이다.
④ 글쓴이는 자연이나 아이들 사진 찍는 것을 좋아한다.

[5~6]

사람들이 나에게 왜 산에 가느냐고 물으면 나는 "산이 있으니까." 라고 단순히 대답했다. 하지만 내가 오랫동안 등산을 한 후에야 ㉠그 말에 대한 답을 찾게 되었다.

5 이 글 뒤에 이어질 내용으로 알맞은 것을 고르십시오. ────────────── (   )
① 등산하기에 좋은 산
② 등산을 잘 하는 방법
③ 내가 등산을 하는 이유
④ 산을 오를 때 주의할 점

6 밑줄 친 ㉠에 해당하는 말을 글에서 찾아 옮겨 쓰십시오.

(   )

[7~9]

(가) 취미생활은 몸과 마음을 건강하게 하고, 좋아하는 사람들끼리 동호회도 형성하여 좋은 인간관계를 맺게 한다. 그리고 좋아하는 것을 함으로써 자신이 하는 일을 더 열심히 하게 된다. (㉠) 취미를 놀기만 하는 것으로 생각하면 안 된다.

(나) 오랫동안 취미활동을 하다 보면 그것이 하나의 직업이 될 수도 있다. 그러니 우선 가까운 곳에 가서 자신이 좋아하는 취미활동에 등록하자. 내 주위에는 취미가 나중에 직업으로 바뀐 사람들이 많다.

7 (가)와 (나)에서 주제문장을 찾아 줄을 그으십시오. ⋯⋯⋯⋯ (   )

8 (㉠) 에 들어갈 말로 알맞은 것을 고르십시오. ⋯⋯⋯⋯ (   )
① 그런데   ② 따라서   ③ 그러나   ④ 그러니

9 취미의 좋은 점이 아닌 것을 고르십시오. ⋯⋯⋯⋯ (   )
① 취미가 직업이 될 수도 있다.
② 건강한 몸과 마음을 가지게 된다.
③ 자신이 하는 일에 관심이 적어진다.
④ 사람들과 좋은 관계를 맺을 수 있다.

어휘

☐ 감각적	☐ 폭발하다
☐ 즐기다	☐ 화산
☐ 중장년층	☐ 유황
☐ 염색하다	☐ 메다
☐ 끼우다	☐ 중소기업
☐ 표정	☐ 후회하다
☐ 전혀	
☐ 순식간에	
☐ 사라지다	
☐ 공짜	
☐ 착륙	

〈표정〉

나의 취미

　나는 방학이 되면 나 혼자 배낭을 메고 여행을 떠난다. 내가 여행을 갈 때 꼭 가져가는 것이 있다. 그것은 일기장이다. 나는 혼자 여행을 하면서 친구와 이야기하는 대신에 일기를 쓴다. 여행을 마친 후에 내가 쓴 것을 읽으면 다시 그 곳으로 돌아간 것만 같다.

　그리고 절대로 가져가지 않는 것도 있다. 그건 사진기이다. 사람들은 여행을 가면 사진을 찍기 바쁘지만 나는 사진보다 엽서를 더 좋아한다. 내가 찍은 사진은 유적지의 일부만 보일 뿐만 아니라, 항상 사람들로 복잡하다. 그러나 엽서는 유명한 사진작가가 가장 아름다운 모습을 찍은 것이기 때문에 내가 보지 못한 아름다움을 볼 수 있다.

　나는 세계 여러 곳을 다니면서 많은 엽서를 샀는데 그 중에서 내가 가장 좋아하는 것은 프라하에서 산 엽서이다. 프라하는 체코의 수도인데 건물 하나하나가 아주 아름답다. 프라하에는 10세기에 세워진 프라하 궁전과 교회, 성당 등의 아름답기로 유명한 건물들이 매우 많다. 뿐만 아니라 보통 사람들이 사는 주택도 빨갛고 뾰족한 지붕이 참 예쁘다.

　프라하는 1945년 이후 도시계획으로 새로운 현대식 건물들이 많이 들어서기도 했지만 한편 옛 건물들을 그대로 보존하려는 노력을 한 덕분에 프라하는 과거와 현재가 함께 어울려 있다.

　옛것은 무조건 낡은 것으로 보고 새것만을 좋아하는 요즘 사람들에게 프라하는 배울 점이 많은 도시이다.

제5과

축 제

1 민속놀이 마당
2 머드축제
3 우유마시기 대회

Korea
대한민국 소리 축제

꽃잎 축제
2008.11.14~12.26
주최 : 클림아트코리아

민속놀이 마당

■개최 시기 : 매년 3월 ~ 11월 / 매주 토요일

　　　　　　(우천 시 공연 취소)

■장　　　소 : 용두산 공원 광장

■행사 내용 : 전통 민속 공연, 전통 민속 체험 마당, 시민 참여 마당

　민속놀이 마당은, 부산의 멋이 담긴 문화재를 공연함으로써 부산 시민들이 부산 지역의 무형문화재를 만날 수 있는 기회이다. 공연 시간은 매주 토요일 오후 2시부터 4시까지이다.

○ 한국의 전통 놀이를 본 적이 있습니까?

○ 여러분이 현재 살고 있는 한국의 지역 축제를 알아봅시다.

머드축제

바다 진흙의 축제인 '머드축제'가 충청남도 보령시 대천해수욕장에서 7월 15일 오후부터 시작되었다.

이번 축제는 21일까지 일주일 동안 계속된다. 해수욕장에는 대형 머드탕과 머드씨름장, 머드미끄럼틀, 머드마사지장, 머드교도소, 머드스키장, 도자기 만들기 등 모두 19개의 체험행사장이 있다.

가족들과 함께 휴가를 온 박일순 씨는 "머드가 피부에 좋다고 해서 찾아왔는데 머드탕에 가보니까 생각한 것보다 더 훌륭했다."면서 "집에 갈 때 이곳에서 머드화장품을 몇 개 살 생각이다."라고 했다.

임동국 씨는 "작년에 텔레비전에서 머드축제를 봤다. 이번에 친구들과 함께 머드 미끄럼틀과 머드탕, 머드 씨름장 등의 행사에 직접 참여해 보니까 정말 재미있다. 내년에는 꼭 가족들하고 와야겠다."고 말했다

박성선 씨는 "머드를 몸에 바르고 하루 종일 있었더니 피부가 보들보들해진 것 같다. 머드축제는 진흙만 있는 것이 아니라 볼거리, 재미있는 행사, 맛있는 음식도 풍부해서 좋다."고 말했다.

이번 축제에는 한여름 밤의 머드 음악회, 머드왕 선발 대회, 보령 대학가요제

등의 야간 행사도 준비되어 있어서 여행객들도 참여할 수 있다. 특히, 머드왕 선발 대회의 1등은 상금이 2백만 원이나 걸려 있다.

🔍 머드: mud(진흙)

전체 내용 이해하기

○ 글의 내용과 같으면 ○, 다르면 × 하십시오.

(1) 머드축제에는 진흙을 발라보는 행사만 있다. ┈┈┈┈┈┈┈┈┈┈┈┈ (　　)

(2) 머드축제에 참여한 관광객들은 이번 행사에 만족하고 있다. ┈┈┈┈ (　　)

(3) 머드축제에서 열리는 행사에 여행객들은 참여할 수 없다. ┈┈┈┈┈ (　　)

(4) 머드축제는 7월 15일부터 일주일 동안 열린다. ┈┈┈┈┈┈┈┈┈┈┈ (　　)

세부 내용 이해하기

1 머드축제가 열리는 지역은 어디입니까?

2 축제 기간은 언제부터 언제까지입니까?

3 밤에 하는 행사는 어떤 것이 있습니까?

4 다음에 해당하는 사람은 누구인지 글에서 찾아 써 봅시다.

(1) _____

머드 축제뿐 아니라 여러 행사를 즐기고 맛난 것 먹는 것을 좋아하는 사람

(2) _____

머드로 만든 화장품에 관심을 가지고 있는 사람

(3) _____

내년에는 가족들과 오고 싶은 사람

(4) _____

텔레비전을 통해 알고 온 사람

(5) _____

휴가를 이용해 온 사람

읽기 1

읽은 내용 확장하기

○ 여러분의 나라에 다른 나라와 다른 축제가 있습니까? 이야기해 봅시다.

어휘와 표현 익히기

1 다음 문장을 잘 읽고 **보기** 에서 알맞은 단어를 찾아 고쳐 쓰십시오.

> **보기**
>
> 알리다   바르다   풍부하다   보들보들

(1) 알고 싶은 것이 있으면 인터넷을 이용하자. 인터넷은 우리에게

  [　　　　　　　] 자료를 제공한다.

(2) 시험에 합격했다는 사실을 부모님께 가장 먼저 [　　　　　　　].

(3) 상처에 직접 이 연고를 [　　　　　　　] 금방 상처가 나을 겁니다.

(4) 거친 피부로 고민하지 마세요. 이 화장품을 일주일만 쓰면 얼굴이

  [　　　　　　　].

2 다음 **보기** 와 같이 '–(으)니까' 를 사용하여 문장을 만들어 보십시오.

> **보기**
>
> ○ 머드탕에 가 보니까 생각한 것보다 더 훌륭했다.
>
> ○ 행사에 직접 참여해 보니까 정말 재미있다.

(1) _____

(2) _____

(3) _____

우유마시기 대회

지금은 우리 대학교 축제 기간이다. 내가 유학을 와서 학교 축제를 맞이하는 것이 두 번째이기는 하지만, 작년에는 유학생활이 익숙하지도 않고 한국어가 서툴러서 축제 구경은 전혀 하지 못했다. 올해도 한국어 공부하면서 전공 수업까지 함께 공부 하느라고 바쁘긴 하지만 그래도 오늘 하루만은 친구들과 함께 축제를 구경했다.

학생 회관 1층에서는 한국어문학부 학생들이 직접 만든 시화를 전시하고 있었다. 내가 아는 친구들의 것도 있었다. 시를 써서 이렇게 멋진 작품으로 만든 것을 보니까 무척 부러웠다. 나는 아직 한국어가 서툴기 때문에 이해하지 못하는 시가 많았지만, 시화의 그림을 보는 것만으로도 좋았다. 나도 한국어를 더 잘하게 되면 꼭 시화를 만들어야겠다.

학생 회관 앞 분수광장에는 먹거리 장터가 있었다. 솜사탕부터 시작해서 떡볶이, 김밥, 아이스크림 등 다양한 음식을 학생들이 직접 만들어 팔고 있었다. 한국어 도우미인 주영이가 나에게 '대학 축제의 재미는 무엇보다도 먹을거리' 라고 했던 말이 생각났다.

친구들과 떡볶이를 사 먹고 있는데 운동장 쪽에서 갑자기 시끄러운 소리가 들렸다. 우유 마시기 대회를 한다는 것이다. 우유를 가장 많이 마시는 사람에게는 상품으로 전자사전을 준다고 했다. 나는 우유를 좋아하는 데다가 마침 전자사전이 필요했기 때문에 나에게 딱 맞는 대회라는 생각이 들었다. 맛있는 우유도 실컷 마시고 상품도 타고!

참가자는 모두 23명이었다. 정말 우유를 잘 마실 것 같은 사람들뿐이었다. 신나는 음악과 함께 우유를 마시기 시작했다. '와, 와!' 하는 구경꾼들의 함성

소리가 들려왔다. 나는 전자사전을 머릿속으로

㉠ [ ] 정말 열심히 마셨다. 두 통

째쯤 되니까 참가자들의 절반이 포기했다. 결국

나는 2리터 짜리 3통 반을 마셔서 2등을 했다. 전

자사전은 아니지만 MP3 플레이어를 받았다.

상품을 받고 너무 기분이 좋아서 나는 ㉡뒤도

돌아보지 않고 기숙사로 달려갔다. 기숙사 친구들에

게 내가 우유를 얼마나 많이 먹었는지를 이야기하면

서 상품을 보여줬다. 모두들 나를 부러워했다. 그런데

MP3가 공짜로 생긴 것은 좋지만, 앞으로 내가 좋아

하는 우유를 마시지는 못할 것 같다. 오늘 너무 많이

마시는 바람에 두 번 다시 우유는 마시고 싶지 않다.

전체 내용 이해하기

● 글의 내용과 같으면 ○, 다르면 × 하십시오.

(1) 대학에 다니는 동안은 축제를 구경했다. ⋯⋯⋯⋯⋯⋯⋯⋯⋯ (   )

(2) 한국어문학부 학생들의 시화를 이해할 수 있어서 좋았다. ⋯⋯⋯ (   )

(3) 대학축제에서 가장 재미있는 것은 먹거리라고 했다. ⋯⋯⋯⋯⋯ (   )

(4) 우유마시기 대회 때문에 운동장에서 시끄러운 소리가 났다. ⋯⋯ (   )

(5) 나는 MP3를 받게 해준 우유를 앞으로도 잘 마실 수 있다. ⋯⋯⋯ (   )

세부 내용 이해하기

1 글에서 장소의 이동에 따라 한 일을 순서대로 써 보십시오.

> 학생 회관 1층 – 한국어문학부 시화 감상

⬇

⬇

⬇

2 다음 중 ㉠ [　　　　　　] 에 들어갈 단어로 적합하지 <u>않은</u> 것은 어느 것입니까? ⋯⋯⋯⋯⋯⋯⋯⋯⋯⋯⋯⋯⋯⋯⋯⋯⋯⋯⋯⋯⋯⋯⋯ (　　　)

① 그리다　② 만들다　③ 떠올리다　④ 생각하다

3 ㉡<u>뒤도 돌아보지 않고</u>의 의미를 다음 중에서 골라 보십시오. ⋯⋯⋯ (　　　)

① 아주 급하게
② 앞만 보면서
③ 아무 생각 없이
④ 사람을 보지 않고

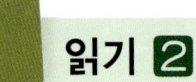

4 '대학 축제의 재미는 무엇보다도 먹거리' 라는 말은 무슨 뜻입니까? 다른 표현으로 써 보십시오.

읽은 내용 확장하기

○ 학교 축제 기간에 여러분이 할 수 있는 행사를 생각하고 구체적으로 계획을 세워 봅시다.

행사	계획

어휘와 표현 익히기

○ 다음 문장을 잘 읽고 **보기** 에서 알맞은 단어를 찾아 고쳐 쓰십시오.

> **보기**
>
> 서투르다   능숙하다   익숙하다   낯설다

(1) 수영을 배우기 시작한 지 6개월이 지났는데도 아직 [   ] 매일 물을 잔뜩 마신다.

(2) 한국에 온 지 일년이 되니까 이젠 이곳 생활이 [   ] 졌다.

(3) 아버지는 아무리 [   ] 곳에서 길을 헤매더라도 전혀 당황하지 않고 [   ] 운전을 하신다.

[1~3]

아름다운 꽃을 마음껏 볼 수 있는 '진해 벚꽃 축제'가 경상남도 진해시에서 열린다. 이번 축제는 4월 9일부터 16일까지 일주일 동안 계속된다. 진해 벚꽃축제에는 불꽃놀이를 비롯하여 벚꽃 아가씨 선발대회, 진해 대학 가요제, 길거리 공연 등 다양한 행사가 진행된다. 그리고 시내에 있는 벚꽃 광장에서는 통돼지 바비큐부터 시작하여 떡볶이, 김밥, 꼬치, 아이스크림 등 풍부한 먹을거리도 함께 즐길 수 있다. 진해 벚꽃 축제는 1981년부터 시작되어 진해를 대표하는 축제가 되었다. 축제가 처음 시작되었을 때는 별로 유명하지 않았지만 지금은 한국에서 가장 큰 꽃축제가 되었다.

작년에 이 축제에 참가했던 한 시민은 "진해에 벚꽃 축제가 시작되면 시내 전체가 분홍색으로 물들어서 정말 아름답다."고 말했다.

1 벚꽃 축제의 '볼거리'를 본문에서 찾아 모두 쓰십시오.(4가지)

2 진해 벚꽃 축제의 '먹을거리'를 본문에서 찾아 모두 쓰십시오.(5가지)

3 이 글의 내용과 <u>다른</u> 것을 고르십시오.
① 진해 벚꽃 축제는 처음부터 유명하였다.
② 진해 벚꽃 축제에는 먹을거리가 많이 있다.
③ 진해 벚꽃 축제는 진해를 대표하는 축제이다.
④ 진해 벚꽃 축제는 한국에서 가장 큰 꽃축제이다.

[4~5]

'진주남강 유등축제'

작년에 이어 올해도 10월 진주에서 열린 모든 축제가 모두 성황리에 끝났다. 이 중 '진주남강 유등축제'에는 아주 많은 관람객이 참여하여 진주 남강에 떠 있는 유등의 아름다운 불빛을 감상하고 돌아갔다. 유등축제 기간 중에 개최되었던 개천예술제를 비롯하여 전국 민속 소싸움대회, 진주 실크박람회 등에도 ㉠관람객의 발길이 끊이지 않았다. 이런 축제장을 오가는 시민들과 방문객들의 표정은 아주 밝았다. 가족 단위로, 친구들끼리, 연인과 같이 환하게 웃는 얼굴에서 유등축제가 진정한 축제로 발전되어 가고 있음을 느낄 수 있었다.

4 밑줄 친 ㉠과 의미가 같은 것을 고르십시오. ⋯⋯⋯⋯⋯⋯⋯⋯⋯⋯ (   )
① 관람객이 지나갈 길이 없었다.
② 아주 많은 사람들이 찾아왔다.
③ 관람객의 발소리가 시끄러웠다.
④ 관람객이 거의 찾아오지 않았다.

5 이 글의 내용과 같은 것을 고르십시오. ⋯⋯⋯⋯⋯⋯⋯⋯⋯⋯⋯⋯ (   )
① 많은 사람들이 올해의 유등축제에 만족했다.
② 작년 유등축제에는 별로 사람이 많지 않았다.
③ 개천예술제 등 진주의 축제에는 관람객이 적었다.
④ 개천예술제는 남강 유등축제가 끝난 후에 열렸다.

□ 대형

□ 체험

□ 보들보들하다

□ 선발

□ 익숙하다

□ 시화

□ 먹을거리

□ 장터

□ 실컷

□ 함성

□ 짜리

⟨먹을 거리⟩

한국의 전통놀이 도구

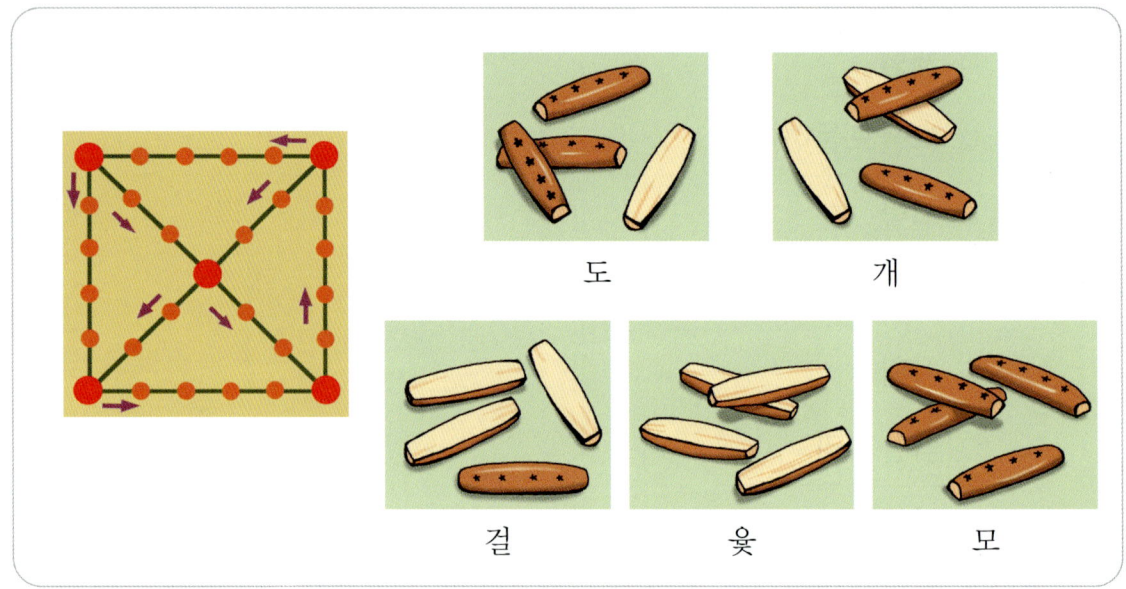

도 개

걸 윷 모

〈윷놀이 도구〉

〈팽이〉 〈연〉 〈제기〉

제6과

기념일

1 밥상 차려드리기
2 가정의 달
3 개천절

밥상 차려드리기

 저희 〈평양냉면〉에서는 이번 어버이날을 맞이하여 5월 8일 하루 동안 60세 이상의 손님에게 무료로 '밥상 차려드리기' 행사를 합니다.

- 일　시 : 2007년 5월 8일(화) 11:30 ～ 14:30
- 장　소 : 평양냉면 대연점
- 대　상 : 60세 이상의 고객
- 내　용 : 카네이션 달아 드리기, 점심 식사, 기념품

- 여러분 나라에는 '어버이 날'이 있습니까? 있다면 몇 월 며칠입니까?

가정의 달

한국의 5월에는 특별한 행사가 많다. 특히 가족 한 사람 한 사람을 위한 날이 많기 때문에 흔히 5월을 '가정의 달'이라고 한다. 그런데 이 달은 이런 행사 때문에 선물을 많이 사야 해서 '소비의 달'이기도 하다.

5월의 첫 번째 공휴일인 ⬚ ㉠ ⬚은 아이들을 위한 날이다. 아이들이 건강하게 자라기를 바라는 마음으로 한국에서는 5월 5일을 공휴일로 정하여 많은 행사를 한다. 모범이 되는 어린이들에게 상을 주기도 하고, 체육대회·글짓기대회·음악회·미술대회 등을 열기도 한다. 이 날 어린이들에게는 어린이공원, 어린이회관, 공연장 등의 입장료가 무료이다.

5월 8일은 부모님의 가슴에 카네이션을 달아드리고 사랑에 감사하는 ⬚ ㉡ ⬚이다. 원래는 1910년 미국의 안나 쟈비스라는 여자가 돌아가신 어머니를 생각하여 교회에서 카네이션을 나누어 준 일에서 시작되었다.

⬚ ㉢ ⬚은 5월 15일이다. 이 날의 시초는 1963년 충남 강경고등학교에서 9월 21일을 '은사의 날'로 정하고 첫 행사가 이루어졌던 일이다. 그 후 2년 뒤 1965년, 중앙학생협의회에서 한국의 문화 교육발전에 큰 공헌을 한 민족의 스승이라고 할 수 있는 세종대왕의 탄신일인 5월 15일을 이 날로 정했다. 이 날이 되면 많은 학생들이 옛 선생님이나 평소 존경하던 선생님께 카네이션을 드리면서 감사의 인사를 하기도 한다.

⬚ ㉣ ⬚은 만 20세가 되는 젊은이들이 성인이 되는 날을 기념하기 위한 것이다. 현재 한국에서는 해마다 5월 셋째 월요일을 기념일로 정하고 있다. 이 날이 되면 전국 각 지역에서 기념식을 하며, 각 대학에서는 성인이 된 후배들에게 꽃 선물을 하는 경우가 많다. 그러나 옛날에는 어른이 되는 의식으로 양반 남자들의 경우에는 갓을 쓰고, 여자는 결혼 전날 쪽을 찌는 행사가 있었다.

읽기 1

〈쪽을 찌다〉   〈갓을 쓰다〉

　　최근, 개인생활을 중요하게 생각하면서 가족 간의 관계가 점점 멀어져가고 있다고 한다. 그런 의미에서 가정의 달은 가족, 또는 사랑하는 사람들이 서로 가까워지는 기회가 될 것이다.

전체 내용 이해하기

● 다음 중 글의 내용과 <u>다른</u> 것을 골라 보십시오. ⋯⋯⋯⋯⋯⋯⋯⋯ (　　　)

① 어버이날은 전 세계적으로 5월 8일이다.

② 한국의 스승의 날은 세종대왕의 생일이다.

③ 한국에서 갓과 쪽은 어른이 된 것을 의미한다.

④ 어린이날에 어린이들은 어린이공원에 공짜로 들어갈 수 있다.

세부 내용 이해하기

1　　5월이 가족을 위한 달이라고 하여 붙여진 이름은 무엇입니까?

2 5월에 행사가 많아 돈을 많이 쓰게 된다고 하여 붙여진 이름은 무엇입니까?

3 글 속의 빈칸에 들어갈 기념일과 해당 월일을 바르게 연결해 보십시오.

㉠ •	• 어버이 날 •	• 5월 5일
㉡ •	• 성년의 날 •	• 5월 8일
㉢ •	• 스승의 날 •	• 5월 15일
㉣ •	• 어린이 날 •	• 5월 셋째 월요일

4 어린이날을 만든 이유는 무엇입니까?

5 스승의 날을 세종대왕 탄신일로 정한 이유는 무엇입니까?

세종대왕을 [   ]의 [   ]이라고 생각했기 때문

6 이 글을 통해서 보면, 글쓴이가 걱정하는 것은 무엇입니까?

읽은 내용 확장하기

○ 여러분 나라의 기념일 중 기억에 남는 일이 있으면 이야기해 봅시다.

개천절

　　하늘나라의 왕 환인에게는 아들이 여러 명 있었다. 그 중 환웅은 하늘 아래의 땅을 바라보는 것을 좋아했다. 그래서 환인은 아들의 마음을 알고 나라를 세우기에 좋은 땅을 선택해 환웅을 보냈다. 환웅은 자신을 따르는 3천 명과 비, 구름, 바람신을 데리고 땅으로 내려 와서 사람들과 함께 지냈다.

　　어느 날, 환웅은 산길을 걷다가 곰과 호랑이가 큰 나무 아래에서 <u>　㉮　</u> 을(를) 하고 있는 것을 보았다.

　　"너희들은 ㉠소원이 무엇이냐?"

　　"우리는 사람이 되고 싶어서 하늘에 <u>　㉮　</u> 을(를) 드리고 있습니다."

　　환웅은 그 말을 듣고, 곰과 호랑이에게 쑥과 마늘을 주면서 말했다.

　　"백일 동안 동굴 속에 살면서 햇빛을 보지 않고 이것만 먹으면 사람이 될 것이다."

　　곰과 호랑이는 사람이 되기 위해서 ㉡환웅이 시키는 대로 했다.

　　그러나 어두운 동굴 속에서 지낸 지 스무하루가 되는 날에 호랑이는 배가 고파서 밖으로 나와 버렸다. 그러나 곰은 잘 참아서 사람이 되었다. 곰은 예쁜 여자가 되었고, 사람들은 그 여자를 웅녀라고 불렀다.

　　웅녀는 아름다운 처녀가 되었으나 결혼할 사람이 없었다. 그래서 다시 큰 나무 아래에 가서 아이를 가질 수 있게 해 달라고 <u>　㉮　</u> 했다.

그 [　가　] 을(를) 들은 환웅이 사람으로 변하여 웅녀와 결혼을 하였다. 얼마 후 ⓒ두 사람 사이에서 아들이 태어났다. 그 아이가 한국인의 최초의 조상인 단군이다. 단군은 기원 전 2333년 10월 3일 한반도에 나라를 세우고 이름을 조선이라고 불렀다. 조선이란 말은 '해가 일찍 뜨는 조용한 아침의 나라' 라는 뜻이다. 한국에서는 이 나라를 고조선 또는 단군조선이라고 부른다. 이렇게 한반도에 처음 나라를 세운 것을 기념해서 10월 3일을 개천절이라고 부르게 되었다.

전체 내용 이해하기

• 다음 중 글의 내용과 다른 것을 고르십시오. ·· (　　　)

① 단군은 조선을 건국한 사람이다.

② 곰과 호랑이는 모두 사람이 되었다.

③ 곰과 호랑이는 환웅에게 쑥과 마늘을 받았다.

④ 한국의 단군 이야기는 약 5천 년 전에 있었던 일이다.

세부 내용 이해하기

1 '개천절'이 무슨 날인지 간단하게 말해 보십시오.

2 '조선'이란 말의 뜻은 무엇입니까?

3 한국의 최초의 나라 이름은 '조선'인데 왜 '고조선' 또는 '단군조선'이라 하는지 생각해 봅시다.

4 밑줄 친 ㉠의 소원은 무엇이었습니까?

5 밑줄 친 ㉡에서 환웅이 시킨 일은 무엇입니까?

6 밑줄 친 ㉢의 두 사람은 누구누구입니까?

7   　㉮　에 공통으로 들어갈 단어는 다음 중 어느 것입니까?

① 기도　　　② 소원　　　③ 선물　　　④ 노래

8   글의 내용에 따라 다음 표의 빈칸에 알맞은 이름을 쓰십시오.

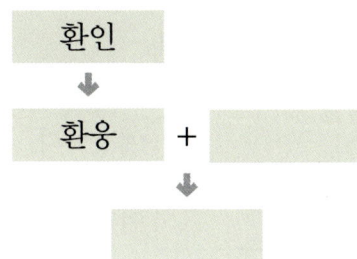

9   글에서 '쑥, 마늘, 100일 동안의 동굴 생활' 이 의미하는 것이 무엇일까요?

10   글 속에서 곰과 호랑이의 성격은 어떻습니까?

읽기 2

읽은 내용 확장하기

○ 여러분 나라에 건국신화가 있으면 소개해 봅시다.

어휘와 표현 익히기

○ 다음 문장을 잘 읽고 **보기** 에서 알맞은 단어를 찾아 고쳐 쓰십시오.

보기			
	견디다	세우다	다스리다

(1) 우리 동네에 충신 기념탑을 [　　　　　] 예정이다.

(2) 지금 좀 힘들더라도 조금만 [　　　　　] 언젠가는 성공할 것이다.

(3) 왕이 백성을 [　　　　　] 때 가장 중요한 것은 백성에 대한 사랑이다.

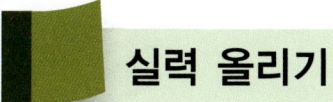 

[1]

어린이날 행사

부산시에서는 어린이날을 맞이하여 어린이들이 맑고 바르며 건강하게 자라기를 바라는 마음으로 다음과 같은 행사를 엽니다. 어린이들의 많은 참여 바랍니다.

■ 일   시: 2009년 5월 5일(화) 10:00-17:30
■ 대   상: 부산시 모든 어린이
■ 장   소: 초읍 어린이 대공원
■ 내   용: 체육대회, 미술대회, 글짓기대회
■ 입장료: 어린이-무료, 어른-2000원

1 이 글의 내용과 <u>다른</u> 것을 고르십시오. ·· (   )
① 행사 장소는 초읍 어린이 대공원이다.
② 어린이날 행사에 오는 사람은 모두 공짜이다.
③ 서울에 사는 어린이는 행사에 참여할 수 없다.
④ 오전 10시부터 오후 5시 30분까지 행사를 한다.

[2]

가정의 달인 5월에 또 하나의 기념일이 생겼다. 바로 5월 21일, 둘이 하나가 된다는 뜻을 가진 부부의 날이다. 2007년에 기념일로 제정되어 올해 4회째를 맞이한다. 이 날 지역별로 부부 장기자랑, 부부 노래자랑 등을 열고 부부 사랑고백의 시간 등을 가진다.

2 이 글은 무슨 기념일에 관한 소개입니까?

[3]

> 평소 부모님에 대한 애정 및 감사 표현의 정도를 알아보기 위해 최근 A단체가 조사를 하였다. 질문은 "최근 6개월 동안 한 번이라도 부모님께 사랑한다고 말해 본 적이 있는가?"이다. 이에 대한 응답자의 20.2%만이 사랑한다고 말로 표현해 보았다고 대답했다. 이는 10명중에 8명 정도는 부모님께 "사랑합니다."라는 표현을 거의 한 적이 없다고 볼 수 있다. 따라서 사회 전반적으로 부모님의 고마움에 대한 표시가 인색한 것으로 볼 수 있다.

3 글쓴이가 A단체의 조사를 통해 말하고 싶은 것은 무엇입니까? ····················· (   )
① 부모님을 잘 모시자.
② 부모님 집에 자주 찾아가자.
③ 부모님께 용돈을 많이 드리자.
④ 부모님께 사랑의 표현을 자주 하자.

[4~5]

> 매년 다가오는 날이지만 바쁜 생활 속에서 항상 ㉠이 날이 되면 기억나는 분이 있다. 초등학교 입학식 날, 나는 이름표를 달고 어머니의 손을 잡고 처음 학교에 갔다. 학교 운동장에서 나의 반을 소개받고 교실에 들어갔다. 거기에는 긴 생머리에 까만 안경을 쓴 담임선생님이 우리를 반갑게 맞아주셨다. '임연아 선생님'이라는 이름을 듣자마자 어머니와 나는 깜짝 놀랐다. 이름이 우리 어머니와 같았기 때문이다.

4 밑줄 친 ㉠은 무슨 날입니까?

5 글쓴이 어머니의 이름은 무엇입니까?

□ 소비

□ 모범

□ 시초

□ 은사

□ 공헌

□ 기념하다

□ 세우다

□ 동굴

〈동굴〉

대한민국의 국경일

국경일은 나라의 경사스러운 날로, 대한민국은 1949년 '국경일에 관한 법률'로 4대 국경일을 정하였다. 그 후 2005년에 한글날을 추가로 국경일로 지정했다.

3월 1일	3 · 1절	7월 17일	제헌절
8월 15일	광복절	10월 3일	개천절
10월 9일	한글날		

 한글날과 제헌절을 제외한 나머지 국경일은 공휴일이다.

대한민국의 법정 기념일

4월 5일 – 식목일

4월 19일 – 4 · 19 혁명 기념일

4월 20일 – 장애인의 날

5월 1일 – 근로자의 날

5월 5일 – 어린이날

5월 8일 – 어버이날

5월 15일 – 스승의 날

5월 18일 – 5 · 18 민주화운동 기념일

5월 셋째 월요일 – 성년의 날

5월 31일 – 바다의 날

6월 6일 – 현충일

6월 25일 – 5 · 25 사변일

〈식목일〉

〈현충일〉

〈3 · 1절〉

제7과

심리

1 심리 테스트
2 피그말리온과 플라세보
3 사랑의 유효 기간

심리 테스트

자동차 경주가 있습니다. 다음 숫자는 자동차의 참가 번호입니다. 여러분은 몇 번 자동차를 타고 참가하겠습니까?

- 0번
- 1번
- 2번
- 3번
- 7번
- 99번
- 100번

결과 분석

자동차 경주는 어떤 일을 할 때의 여러분 마음입니다.

- 0번 : 소극적, 욕심이 없다.
- 1번 : 남성적, 거짓이 없고 솔직하다.
- 2번 : 의존적, 누군가에게 의지하고 싶어 한다.
- 3번 : 협동적, 모임이나 조직을 중요하게 생각한다.
- 7번 : 낙관적, 긍정적으로 생각한다.
- 99번 : 항상 부족하다고 생각한다.
- 100번 : 자기 만족형.

- 테스트 결과에서 여러분의 성격은 어떻습니까?

- 자신이 알고 있는 성격과 비교하여 서로 이야기해 봅시다.

피그말리온과 플라세보

성격이 아주 까다롭지만, 실력이 뛰어난 조각가가 있었다. 세상에서 그의 마음에 드는 사람은 한 명도 없었다. 그래서 자신의 이상적인 조건을 갖춘 아름다운 여인을 만들었다. 자신이 만들어 놓고 보아도 너무나 아름다운 모습이었다. 그는 이 여인상에게 아름다운 옷을 입히고, 멋진 장식을 달아주었다. 마치 살아있는 사람을 대하듯 소중하게 돌보다가, 그는 이 조각상을 사랑하게 되었다.

사랑의 여신 축제가 열리자 그는 축제 제단 앞에 나가 저 조각 같은 여인을 달라고 기도했다. 아프로디테 여신은 그의 간절하고 진실한 기도를 듣고, 그 조각상에 생명을 넣어 주었다. 그러자 조각상의 입과 손에서는 따뜻함이 느껴졌다. 조각가의 소원이 현실로 이루어진 것이다. 이렇게 해서 태어난 여인이 바로 갈라테이아이며, 간절히 기도한 조각가는 키프로스의 왕이기도 한, 피그말리온이다.

이처럼 생각한 대로 결과가 나타나는 것을 '피그말리온 효과(pygmalion effect)'라고 부른다. 피그말리온 효과는 어떤 일에 대한 믿음, 기대, 예측이 실제로 일어나는 현상을 말한다.

이와 비슷한 심리현상의 하나로 플라세보 효과(placebo effect)가 있다. 의사가 환자에게 가짜 약을 투여하면서 진짜 약이라고 하면 환자의 좋아질 것이라고 생각하는 믿음 때문에 병이 낫는 현상을 말한다. 이것은 제2차 세계 대전 중 약이 부족할 때 많이 쓰였던 방법이다.

사람을 변화시키거나, 아픈 곳을 치료하기 위해 필요한 것은 무엇일까? 사람들은 풍부한 물질, 뛰어난 능력, 발전한 의학 기술 등이 필요하다고 할 것이다. 그러나 이런 조건들보다 더 중요한 것은, 그 사람에 대한 관심과 사랑, 꼭 이루어진다는 믿음이 아닐까?

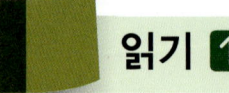

● **전체 내용 이해하기**

- 글의 내용을 요약할 수 있는 말은 다음 중 어느 것입니까? ·················· (   )

  ① 꿩 대신 닭이다.

  ② 모난 돌이 정 맞는다.

  ③ 모든 것이 마음먹기에 달렸다.

  ④ 가는 말이 고와야 오는 말이 곱다.

● **세부 내용 이해하기**

1 (ㄱ)에는 '피그말리온 효과'의 뜻, (ㄴ)에는 '플라세보 효과'의 뜻이 들어간다. 글을 읽은 후 여기에 들어갈 말을 생각하여 적어 봅시다.

(ㄱ)

(ㄴ)

2 다음 글을 읽고 피그말리온 효과에 해당하면 '피', 플라세보 효과에 해당하면 '플'을 쓰십시오.

(1) _____

> 우리 할머니 손은 약손이다. 내가 배가 아플 때마다 할머니는 손으로 내 배를 만져 주신다. 그러면 약을 먹지 않아도 아픈 배가 낫는다.

(2) _____

내가 수석으로 졸업하게 된 것은 모두 어머니 덕분이다. 어머니는 항상 나에게 "너는 잘 할 수 있어. 엄마는 우리 아들을 믿어!"라고 격려해 주셨다. 그래서 아무리 공부가 힘들어도 어머니의 말씀을 생각했다.

(3) _____

우리 동네에 아주 친절한 병원이 있다. 그곳은 의사도 간호사도 모두 친절하다. 아무리 몸이 아파도 그 병원 사람들의 웃는 얼굴을 보면 나도 모르게 병이 다 나은 것만 같다.

읽은 내용 확장하기

○ 여러분이 경험한 피그말리온 효과와 플라세보 효과가 있다면 서로 이야기해 봅시다.

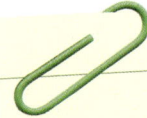

사랑의 유효기간

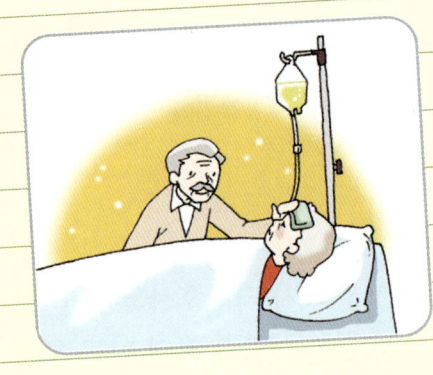

미국의 한 과학자는 사랑에도 유효 기간이 있다고 주장했다. 그런데 다음 이야기는 사랑에 유효기간이 없음을 보여준다.

강원도 인제에 사는 김병설(73) 송계순(76) 부부에겐 남다른 사연이 있다. 바로 아내인 송계순 할머니가 20년 전부터 난치병인 파킨슨병으로 투병하고 있었던 것이다.

그는 아내의 병을 고치기 위해 안 해본 일이 없었지만 할머니의 몸은 점점 굳어갔다. 방법이 없었다. 할아버지는 그 모습을 지켜만 봐야 했다.

"같이 죽자고 하더군요……. 서로 붙잡고 한참을 울었어요."

하지만 사랑하는 아내를 ㉠그렇게 보낼 수 없었다. 대신 할아버지는 할머니의 ㉡손과 발이 되기로 결심했다. 집안일과 할머니 운동은 물론, 수저조차 들 수 없는 할머니에게 밥을 먹인 후에야 식사를 했다. 또한 병에 걸리기 전 깔끔했던 아내를 위해 직접 목욕을 시키고 화장품까지 발라줬다. 이제 할머니는 할아버지의 전부가 됐다. 할머니 역시 ㉢마찬가지였다.

할아버지가 "나 어디 도망가도 돼?"라고 농담을 하면 할머니는 남편의 손을 꼭 붙잡으며 "도망가면 안 돼!"라고 작게 말한다. 그 순간 할아버지는 아내가 하루 빨리 병이 나아서 일어나는 ㉣기적 같은 소망을 빈다.

3년 전부터 할아버지는 할머니 치료에 관한 일기를 꼼꼼히 쓰고 있다. 아내가 회복하길 바라는 마음을 일기장에 고스란히 담아 놓았다. 뿐만 아니라 더 잘 보살피지 못했던 미안함과 죄스러운 마음도 고백해 놓았다. 남편은 조심스

럽게 그 마음을 아내에게 털어놓았다.

"사랑해요, 당신. 미안해……. 나쁜 사람 만나서 병만 걸리고……."

남편의 말을 듣던 할머니의 입술은 떨렸고 눈에는 눈물이 가득 고였다. 중매로 만나서 45년 동안 한마음으로 사랑했던 노부부는 난치병이라는 ⓜ고통을 함께 나누고 있었다.

전체 내용 이해하기

○ 다음 중 글의 내용과 <u>다른</u> 것을 고르십시오. ⋯⋯⋯⋯⋯⋯ (   )

① 남편은 아내의 병을 고치기 위해서 노력하고 있다.

② 남편은 아내를 돌보는 것은 물론 집안일도 다 한다.

③ 남편은 아내의 병을 고치기 위해 투병 일기를 쓴다.

④ 남편은 병든 아내와 함께 살다가 같은 병에 걸렸다.

세부 내용 이해하기

1 ㉠ ~ ⓜ는 무슨 뜻입니까? 친구들과 함께 생각해 본 후, 구체적으로 이야기 해 봅시다.

2 할아버지와 할머니의 사랑은 현재 몇 년째 지속되고 있습니까?

3 할아버지가 할머니를 위하여 하고 있는 일을 모두 찾아 써 봅시다.

_____

_____

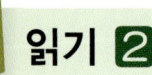

● **읽은 내용 확장하기**

○ 정말 사랑에 유효기간이 있을까요? 여러분은 어떻게 생각합니까?

● **어휘와 표현 익히기**

○ 다음 문장을 잘 읽고 보기 에서 알맞은 단어를 찾아 고쳐 쓰십시오.

보기			
깔끔하다	꼼꼼하다	털어놓다	나누다
죄스럽다	조심스럽다	고이다	

(1) 맑은 눈에 눈물이 [   ] 있는 것을 보았다.

(2) 민수는 그동안 거짓말을 했다고 [   ] 용서를 구했다.

(3) 기쁨은 [   ] 두 배가 되고, 슬픔은 [   ] 반이 된다.

(4) 그 도자기는 상당히 비싸기 때문에 [   ] 다루어야 한다.

(5) 정화는 성격이 [   ] 매일매일 쓸고, 닦고… 청소를 너무 자주 한다.

(6) 이번 어버이날에 부모님한테 선물을 보내지 못해 [   ] 생각한다.

(7) 우리 모임의 회비는 성격이 가장 [   ] 사람이 맡아서 관리하는 것

이 어떨까?

● **생각해 보기**

○ 사람의 한 생은 한 사람을 사랑하기에도 짧은 시간이다.

[1]

> 인간은 (   ) 자신도 모르는 놀라운 능력이 생겨날 때가 있다. 예를 들면 높은 건물에서 떨어진 사람이 전혀 다치지도 않고 살았다든지, 교통사고를 당할 뻔한 순간에 뛰어올라 위기를 피했다는 이야기이다. 이런 일이 가능한 이유는 우리 몸이 어떤 위급한 상황이 닥치면 스스로를 보호하기 위한 본능을 가지고 있기 때문이다.

1   이 글의 (   )에 알맞은 것을 고르십시오. ⋯⋯⋯⋯⋯⋯⋯⋯⋯⋯⋯⋯⋯ (   )
① 위기 상황에 처하면   ② 스스로를 보호하면
③ 문제를 피하고 싶으면   ④ 교통사고를 당하면

[2]

> ㈎ 그래서 수험생들은 시험에 떨어지지 않기 위해 꼭 이 음식을 먹는다.
> ㈏ 그것은 바로 한국 사람들이 옛날부터 즐겨 먹는 찹쌀떡과 엿이다.
> ㈐ 이 음식을 주는 이유는 입에 넣으면 잘 떨어지지 않기 때문이다.
> ㈑ 한국에서는 중요한 시험을 앞둔 수험생에게 특별히 선물하는 것이 있다.

2   이 글을 순서대로 맞게 배열한 것을 고르십시오. ⋯⋯⋯⋯⋯⋯⋯⋯⋯ (   )
① ㈐-㈑-㈏-㈎   ② ㈑-㈐-㈏-㈎
③ ㈑-㈏-㈐-㈎   ④ ㈐-㈏-㈎-㈑

[3~5]

사람들은 대부분 오른손을 주로 사용한다. 왼손을 주로 사용하는 사람은 전 세계 인구의 ㉠10% 내외밖에 되지 않는데 이들을 특별히 왼손잡이라고 부른다. 그런데 아이들이 처음 손을 사용할 때에는 (   ) 확률이 더 높다고 한다. 그 이유는 어른이 하는 행동을 반대편에서 보고 그대로 따라 하기 때문이다. 이런 아이들이 자라면서 오른손을 주로 사용하게 되는 것은 어른들의 교육 때문이기도 하지만, 주변의 모든 물건이나 시설이 왼손잡이가 사용하기 불편하기 때문이다.

3 밑줄 친 ㉠에 해당하지 <u>않는</u> 것을 고르십시오. ┈┈┈┈┈┈┈┈┈┈┈ (   )
① 10%　　　　　　　　　② 8%
③ 13%　　　　　　　　　④ 20%

4 이 글의 (   )에 알맞은 것을 고르십시오. ┈┈┈┈┈┈┈┈┈┈┈ (   )
① 왼손잡이가 될　　　　　② 오른손을 사용할
③ 어른을 따라 할　　　　　④ 양손을 자유롭게 사용 할

5 이 글의 내용과 <u>다른</u> 것을 고르십시오. ┈┈┈┈┈┈┈┈┈┈┈ (   )
① 왼손보다 오른손을 주로 사용하는 사람이 많다.
② 아이들은 자라면서 오른손을 더 많이 사용하게 된다.
③ 어른들은 아이들에게 왼손을 주로 사용하도록 가르친다.
④ 주변의 시설은 대부분 오른손으로 사용하는 것이 편하다.

[6~7]

(가) _____

　모든 일을 긍정적으로 생각하라. 내게 없는 것을 생각하지 말고 내가 가지고 있는 것을 생각하라. 과일 두 개를 사서 먹다가 하나가 속이 썩어 못 먹을 때는 하나라도 썩지 않아서 다행이라고 생각하라.

(나) _____

　타인과 첫만남을 가질 때는 처음 2~3분이 아주 중요하다. 모든 것을 자기 기준으로 생각하지 말고 ㉠상대방과 맞추도록 노력하라. 얘기는 상대방이 좋아할 만한 주제를 가지고 먼저 시작하라. 연애도 마찬가지이고 회사 동료나 직장상사를 대할 때도 마찬가지이다.

6　(가)와 (나)에 들어갈 제목으로 알맞은 것을 〈보기〉에서 고르십시오.

〈보기〉 첫인상, 적극적 사고, 사회생활, 긍정적 사고, 인간관계

(가) : _____

(나) : _____

7　밑줄 친 ㉠에 해당하는 단어로 알맞은 것을 고르십시오. ·············· (　　　)
① 공격　　② 배려　　③ 공손　　④ 인내

☐ 참가하다	☐ 사연
☐ 솔직하다	☐ 난치병
☐ 의지하다	☐ 투병하다
☐ 의존적	☐ 깔끔하다
☐ 협동적	☐ 기적
☐ 낙관적	☐ 회복하다
☐ 상아	☐ 고백하다
☐ 조각하다	☐ 털어놓다
☐ 녹다	☐ 떨리다
☐ 통증	☐ 고이다
☐ 유효기간	

〈녹다〉

인연설

한용운

정말 사랑하고 있는 사람 앞에서
사랑하고 있단 말은 아니합니다.
아니하는 것이 아니라 못하는 것이 진리입니다.

잊어버려야 하겠다는 말은
잊을 수 없다는 말입니다.
정말 잊고 싶을 땐 잊겠다는 말이 없습니다.

헤어질 때 돌아보지 않는 것은
너무도 헤어지기 싫기 때문입니다.
그것은 헤어진다는 것이 아니라
언제나 같이 있다는 것입니다.

사랑하는 사람 앞에서 눈물 보이는 것은
그 만큼 그 사람을 잊지 못하는 증거요
사랑하는 사람 앞에서 웃는 것은
그 만큼 그 사람과 행복 했다는 것이요
그러니 알 수 없는 표정은 이별의 시발점입니다.

떠날 때, 울면 잊지 못하는 증거요
가다가 달려오면 사랑하니 잡아달라는 뜻이요

떠나가다 전봇대에 기대어 울면
오직 당신만을 사랑한다는 뜻입니다

함께 영원히 할 수 없음을 슬퍼 말고
잠시라도 함께 있을 수 있음을 기뻐하고

더 좋아해 주지 않음을 노여워말고
애처롭기까지만 한 사랑을 할 수 있음을 감사하고

주기만 하는 사랑이라 지치지 말고
더 많이 줄 수 없음을 아파하고

남과 함께 즐거워한다고 질투하지 않고
그 사람의 기쁨으로 여겨 함께 기뻐할 줄 알고

이룰 수 없는 사랑이라 일찍 포기하지 않고
깨끗한 사랑으로 오래 간직할 수 있는
나 당신을 그렇게 사랑합니다.

제8과

기후

1 청개구리가 우는 이유
2 사라지고 있는 북극곰
3 기후와 자연환경

청개구리가 우는 이유

옛날에 아들 청개구리와 어머니 청개구리가 살았다. 청개구리는 어머니가 산에 가라고 하면 연못에 가서 놀고 연못에 가라고 하면 산에 가서 놀았다. 어머니 말씀에 늘 반대로만 하는 장난꾸러기 개구리였다.

결국 어머니는 말을 안 듣는 아들 때문에 병이 났다. 돌아가시기 전에 아들 청개구리에게 유언을 남기셨다.

"아들아, 내가 죽거든 산에 묻지 말고 물가에 묻어라."

어머니는 아마 이번에도 청개구리가 반대로 할 것이라고 생각했기 때문이다. 하지만 청개구리는 이번에는 어머니 말을 들어야겠다고 생각하고 어머니를 개울가에 묻었다.

그러던 어느 날, 비가 내리기 시작했다. 청개구리는 어머니 생각이 났다. 어머니의 무덤이 빗물에 떠내려갈지도 모르기 때문이다. 그래서 청개구리는 지금도 비만 오면 개굴개굴 운다.

○ 비 오는 날 청개구리가 우는 이유는 무엇입니까?

○ 여러분 나라에 날씨와 관련된 재미있는 이야기가 있다면 소개해 봅시다.

사라지고 있는 북극곰

빙하가 떠다니는 ㉠만년설로 알려진 알래스카(Alaska)는 북극곰의 고향이라고 할 수 있다. 그런데 요즈음 알래스카에는 기후 온난화 때문에 북극곰의 체형이 점점 작아질 뿐 아니라 북극곰의 수도 줄어들고 있다고 한다.

미국 지질학회는 "20년 전의 북극곰보다 요즘 북극곰의 체형이 더 작아지고 있고, 태어난 새끼의 생존 확률도 크게 줄었다."고 발표했다. 이 학회의 알래스카 사무소장은 "지난 1980년대와 1990년대에는 새로 태어난 새끼가 다 자랄 때까지 자연 속에서 살아남을 확률이 65%였는데 지금은 43% 정도이다."고 말했다. 그는 이런 북극곰의

생존확률이 낮아지는 것에 대해 "지구 온난화로 빙하가 녹으면서 북극곰의 주 무대인 빙산이 없어지고, 그래서 북극곰이 빙산을 타고 큰 바다로 나가 사냥을 할 기회도 적어졌기 때문"이라고 설명했다. 또, "불과 10여 년 전 잡히던 북극곰보다 요즘 북극곰의 덩치가 작아진 것을 알 수 있는데, 이는 먹이가 부족해지면서 생긴 현상이다."고 말했다.

이에 대해 캐나다 야생동물협회는 캐나다가 북극곰 사냥을 금지시켜야 하며, 국가에서는 북극곰을 멸종 위기 동물로 지정해야 한다고 말하고 있다.

전체 내용 이해하기

○ 다음 중 글을 요약한 것으로 가장 알맞은 것을 고르십시오. ················ (   )

① 지구 온난화로 북극곰이 작아진다.

② 북극의 빙산이 점점 사라지고 있다.

③ 캐나다 정부가 북극곰을 보호동물로 지정했다.

④ 지구 온난화로 인해 여러 가지 문제가 발생한다.

세부 내용 이해하기

1　글에서 북극곰의 고향을 어디라고 말하고 있습니까?

2　밑줄 친 ㉠은 무슨 뜻입니까?

3　지구 온난화 때문에 알래스카에 나타나는 두 가지 특징은 무엇입니까?

(1)

(2)

4 북극곰의 생존 확률이 낮아지고 있다는 것은 누가 밝혔으며, 원인은 무엇이며, 또 현상은 어떻게 나타나고 있습니까? 차례대로 써 봅시다.

- 밝힌 사람이나 단체 :
- 이유 :　지구 온난화　➡　　　　　　　　　➡　　　　　　　　　➡
　　　　　　북극곰이 사냥을 할 수 없게 됨

5 이 글 마지막에 쓰인 '캐나다 야생동물협회'의 말을 주장하는 말로 바꿔봅시다.

　　　　　　　　　　　　　　　　합시다.

읽은 내용 확장하기

- 서로 이야기해 봅시다.

(1) 지구 온난화의 원인은 무엇입니까?

(2) 지구 온난화로 인한 환경 문제를 조사해서 소개해 봅시다.

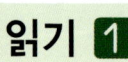

어휘와 표현 익히기

○ 다음 문장을 읽고 알맞은 단어를 보기 에서 찾아 쓰십시오.

보기		
체형	덩치	체격

(1) 나는 키가 크고 마른 ⬚⬚⬚⬚⬚⬚ 을/를 좋아한다.

(2) 민수는 일 년 동안 꾸준히 운동을 해서인지 ⬚⬚⬚⬚⬚⬚ 이/가 좋아졌다.

(3) 무슨 일인지 모르겠지만 ⬚⬚⬚⬚⬚⬚ 이/가 큰 사람들이 아버지를 찾아

왔다.

2 다음 보기 중 서로 반대되는 뜻을 가진 단어를 찾아 짝지으십시오.

보기				
줄어들다	높아지다	적어지다	커지다	작아지다
생기다	많아지다	낮아지다	늘어나다	없어지다

(1) 줄어들다 ⬌ 늘어나다 　　(2) ⬚⬚⬚ ⬌ ⬚⬚⬚

(3) ⬚⬚⬚ ⬌ ⬚⬚⬚ 　　(4) ⬚⬚⬚ ⬌ ⬚⬚⬚

(5) ⬚⬚⬚ ⬌ ⬚⬚⬚

기후와 자연환경

세계 여러 나라들은 지구의 어디에 위치해 있는가에 따라 기후가 다르다. 이렇게 다른 기후의 특성은 자연환경과 사람들의 생활에 영향을 준다. 지역에 따른 기후와 생활의 특징을 간단하게 살펴보면 다음과 같다.

첫째, 한대기후는 1년 중 대부분이 눈과 얼음으로 덮여 있어 나무가 자라지 못하는 기후이다. 북극과 남극지방이 이 기후의 중심인데, 이 지역에서는 백야와 오로라를 볼 수 있다. 이 지역 사람들은 물개, 백곰 등을 사냥하거나 순록을 기르면서 살아가고 있다. 일 년 내내 눈으로 덮인 이곳은 눈과 얼음을 이용해서 집을 짓는데 이를 '이글루'라고 한다.

둘째, 냉대기후는 겨울에는 눈이 많이 내리고 춥지만 여름에는 한대기후에 비해 기온이 높은 편이다. 대표적인 나라는 핀란드이다. 산타클로스, 눈과 사우나로 우리에게 알려진 나라인 핀란드는, 지구에서 아이슬란드 다음으로 가장 북쪽에 있는 나라이다. 호수와 울창한 산림으로 유명하며, 이곳의 풍부한 나무를 이용하여 통나무로 집을 많이 짓는다.

통나무집은 주위의 습도가 높을 때는 물을 흡수하고 습도가 낮을 때는 내뿜어서 항상 쾌적한 상태를 유지한다. 또한 단열기능이 있어서 적당히 서늘하고 적당히 따뜻하다. 따라서 습해서 생기는 곰팡이 따위는 없다.

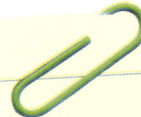

셋째, 날씨가 더운 열대기후가 있다. 이 기후의 특징은 기온이 높고 비가 많이 내리는 것이다. 또한 햇볕이 강하고 습도도 아주 높아 식물이 자라기에 알맞고 밀림이 많다. 일 년 내내 여름만 있는 이곳은 날씨가 매우 더워서 강이나 호수 위에 집을 지어 생활한다.

넷째, 건조기후가 있다. 건조기후는 비가 많이 내리는 열대기후와 반대로 강수량보다 증발량이 많고 하루 동안에도 기온 차이가 아주 크다. 선인장류 이외에는 식물이 제대로 자라지 못하므로 초원이나 사막이 많다. 온도의 차이가 큰 것이 특징인데, 특히 여름이 심하다. 그리고 모래 바람이 많이 불기 때문에 얼굴을 가리고 다니며, 사람들은 물이 부족하여 오아시스와 같은 곳에 모여서 산다.

이와 같이 지구는 곳곳마다 기후가 다양하며 이러한 기후가 환경을 결정한다. 사람들은 각자에게 주어진 자연환경에 적응하기 위해 그에 맞는 생활방식을 찾아서 살아간다.

전체 내용 이해하기

● 다음 중 글의 내용과 <u>다른</u> 것을 고르십시오. ······················· (   )

① 한대기후는 너무 추워 사람들이 살 수 없는 곳이다.

② 핀란드의 통나무집은 습도조절과 단열기능이 아주 뛰어나다.

③ 열대기후는 일 년 내내 덥기 때문에 수상가옥에서 생활하는 사람이 많다.

④ 건조기후는 초원과 사막이 대부분이지만 오아시스 근처에 사람이 살기도 한다.

1 글에서 각 기후에 해당하는 단어를 **보기** 에서 찾아 써 봅시다.

보기					
산림	오로라	백곰	사막	통나무집	모래 바람
초원	밀림	이글루	선인장	백야	양극지방
강한 햇빛	오아시스	사냥	물 위 집		

(1) 한대기후 ➡

(2) 냉대기후 ➡

(3) 열대기후 ➡

(4) 건조기후 ➡

2 지구에서 가장 북쪽에 있는 나라는 어느 나라입니까?

3 통나무집의 특징이 <u>아닌</u> 것을 다음 중에서 골라 보십시오. ·························· (   )
① 항상 쾌적한 상태가 유지된다.
② 곰팡이 따위가 생기지 않는다.
③ 주위의 습도가 낮을 때는 물을 흡수한다.
④ 단열기능이 있어서 적당히 서늘하고 적당히 따뜻하다.

4 열대기후 지방의 사람들이 강이나 호수에 집을 많이 짓고 사는 이유는 무엇입니까?

                                                때문

5 건조기후 지역에 주로 자라는 대표적인 식물은 무엇입니까?

6 사람들이 기후에 따라 사는 생활방식이 <u>다른</u> 이유는 무엇입니까?

                                                에 적응하기 위해서

읽은 내용 확장하기

○ 여러분이 살고 있는 곳의 기후적 특성을 말해 봅시다.

어휘와 표현 익히기

1 서로 어울리는 단어를 연결하십시오.

(1) 기온 •

(2) 습도 •
                         • 많다/적다

(3) 햇볕 •
                         • 크다/작다

(4) 증발량 •
                         • 강하다/약하다

(5) 일교차 •
                         • 높다/낮다

2 다음 문장을 읽고 빈칸에 공통으로 들어갈 단어를 보기 에서 찾으십시오.

보기

심하다   다르다   유지하다   덮이다   강하다

(1) _____
- ○ 아름다움을 [   ]려면 야채를 많이 먹어야 합니다.
- ○ 열심히 공부하지 않으면 좋은 성적을 [   ] 수 없다.

(2) _____
- ○ 갑자기 어떤 사람이 내 머리를 [   ]게 때렸다.
- ○ 나는 더위에 [   ]아/어서 여름에도 에어컨이 필요 없다.

(3) _____
- ○ 나라마다 언어와 문화가 [   ].
- ○ 같은 날에 태어난 쌍둥이도 서로 성격이 [   ].

(4) _____
- ○ 하늘이 검은 구름으로 [   ] 있다.
- ○ 책상 위에 신문지로 [   ]아/어 있는 게 뭐에요?

(5) _____
- ○ 내 동생은 장난이 아주 [   ].
- ○ 감기가 몹시 [   ]아/어서 학교에 오지 못했어요.

생각해 보기

- ○ 한국의 속담 : 가을비는 빗자루로 피한다.

실력 올리기

[1~2]

옛날 어느 마을에 한 어머니와 두 아들이 함께 살고 있었다. 그런데 어머니는 두 아들 때문에 늘 마음 편할 날이 없었다. 왜냐하면 큰아들은 우산 장수였고, 둘째아들은 부채 장수였기 때문이었다.

(㉠) 날이면 어머니는 하늘만 쳐다보며 "아이쿠!, 이렇게 날씨가 맑으니 우산이 안 팔리겠구나." 또 (㉡) 날이면 어머니는 땅만 내려다보며 "아이쿠!, 이렇게 비가 오니 부채가 안 팔리겠구나." 하며 늘 걱정만 했다.

그러던 어느 날 이웃집 아주머니가 놀러 와서 이렇게 말했다.

"그렇게 늘 걱정하지만 말고 반대로 생각하시면 어때요?"

"반대로 생각하다니요?"

어머니의 눈이 휘둥그레졌다.

"날씨가 맑으면 부채 장사가 잘 되고, 비가 오면 우산 장사가 잘 된다고 좋아하면 되잖아요."

그 말을 듣고 어머니는 크게 기뻐했다. 그 후 어머니는 아들 걱정에서 벗어나 오래오래 건강하게 잘 살았다.

1 (㉠) 과 (㉡) 에 들어갈 알맞은 말을 쓰십시오.

㉠ : _____

㉡ : _____

2 이 글이 주는 교훈은 무엇입니까? ·· (   )
① 아이들을 많이 낳지 마라.
② 장사는 날씨와 관계가 많다.
③ 남의 것을 욕심내어서는 안 된다.
④ 긍정적으로 생각하면 행복해진다.

[3]

　　오늘, 5년 만에 처음으로 부산에 대설주의보가 내렸습니다. 이 폭설로 도로 곳곳이 마비되어 초등학교와 중학교에 휴교령이 내려졌습니다. 눈은 내일 오전까지 계속되다가, 오후에는 개일 것으로 보입니다. 그러나 이번 한 주간은 꽃샘추위로 쌀쌀한 날씨가 예상되니, 두꺼운 옷 잊지 마시고 감기에 주의하시기 바랍니다.

3 이 글의 내용과 같은 것을 고르십시오. ⋯⋯⋯⋯⋯⋯⋯⋯⋯⋯⋯⋯⋯⋯⋯ (　　　)
　　① 꽃샘추위가 올 예정이다.
　　② 부산의 모든 학교가 휴교를 했다.
　　③ 앞으로 한 주 동안 눈이 내릴 것이다.
　　④ 부산에는 한 번도 대설주의보가 내려진 적이 없다.

[4]

　　요즘 우리 아파트에서는 계속 ㉠뜨거워지는 지구를 보호하자는 취지에서 여러 가지 운동을 벌이고 있다. 이에 따라 주민들이 엘리베이터 5명 이상 같이 타기, 음식물쓰레기 1주일에 한 통씩만 갖다 버리기, 상가 내 일회용 사용금지 등 지구 온난화를 막기 위한 노력을 시도하고 있다. 작은 노력이지만 이 운동이 이웃아파트까지 확산되었으면 하는 기대를 해 본다.

4 ㉠과 같은 의미를 가진 단어를 이 글에서 찾아 쓰십시오.

□ 유언	□ 습도
□ 남기다	□ 흡수하다
□ 빙하	□ 내뿜다
□ 만년설	□ 쾌적하다
□ 온난화	□ 서늘하다
□ 체형	□ 습하다
□ 덩치	□ 강수량
□ 멸종	□ 증발량
□ 지정하다	□ 오아시스
□ 백야	□ 적응하다
□ 울창하다	

〈만년설〉

러시아인들은 여름을 어떻게 보낼까?

따찌아나(러시아)

왠지 많은 사람들은 러시아가 항상 춥기만 하다고 생각한다. 하지만 우리나라의 날씨와 한국 날씨는 비슷하다. 특히 여름은 거의 같고 겨울만 차이가 심하다.

러시아 사람의 여름은 6월 1일부터 시작된다. 날씨가 더워지면 사람들은 여름옷으로 갈아입고 다닌다. 온도가 높아지면 도시는 공기가 없는 것 같아 사람들은 숨을 제대로 쉬지 못한다. 그래서 빨리 도시를 떠나고 싶어 한다. 그러면 어디로 피서를 가야 할까? 당연히 물이 있는 곳에 가야 한다고 생각한다. 바다나 가까운 강에 가서 시원한 물에서 수영을 한 뒤 따뜻한 햇볕 아래에서 친구들과 같이 뛰어놀면 얼마나 행복한지!

우리나라 사람들은 바닷가에서 점심을 먹는 것을 아주 좋아한다. 이때 먹는 음식 중에 제일 좋아하는 음식은 샤스릭이다. 샤스릭은 불에 바로 굽는 고기이다.

정말 맛있다! 이렇게 샤스릭을 먹으면서 시간을 보내면 더위도 잊게 된다.

그런데 우리나라에서는 강에서 수영하는 시기와 바다에서 수영하는 시기가 다르다. 강에서는 6월부터 7월말까지만 수영을 하고, 8월부터는 바다에서 수영을 한다. 그 이유는 오래전부터 전해 내려오는 '여름의 신' 때문이다. 이 '여름의 신'은 아주 작은 꼬마인데, 8월이 되면 이 신이 강에 소변을 보기 때문에 수영을 할 수 없다고 믿는다. 바다의 계절이 시작되면 사람들이 빨리 바닷가에 가서 작은 캠프를 만들어 5~10일 동안 그곳에서 생활한다. 우리는 사람이 없고 조용한 자연 그대로의 바닷가를 좋아한다. 특히 젊은이들은 저녁에 불을 피우고 동그랗게 앉아 재미있는 이야기를 나누다가 밤을 새기도 한다.

　이렇게 여름 방학을 보낸 후에 도시로 돌아오면 힘이 많이 생겨서 공부를 더 열심히 할 수 있다.

제9과

옛날이야기

1 호랑이와 곶감
2 흥부와 놀부
3 현명한 재판

대한국인

호랑이와 곶감

산속에 사는 늙은 호랑이가 오랫동안 먹지 못하여 배가 고파서 밤에 마을로 내려왔다. 호랑이는 어린 아이를 잡아먹으려고 어느 집 안으로 들어갔다. 그 집에는 방 안에서 어린 아이가 울고 있었다. 어머니가 아무리 달래도 아이는 울음을 그치지 않았다. 그러자 어머니는,

"저기, 호랑이 온다."

하고 말했으나 아이는 울음을 그치지 않았다. 호랑이는 문밖에서 듣고 있었다.

계속해서 아이가 우니까 이번에는,

"자, 곶감이다."

라고 하자 아이는 울음을 뚝 그쳤다. 호랑이는 마음속으로,

"헉, 곶감은 호랑이인 나보다 더 무서운가 보다."

라고 생각하고는 방에 있는 아이 대신 외양간에 가서 소를 잡아먹기로 했다. 그때 외양간에는 마침 도둑이 들어 와 있었다. 그런데 외양간이 어두워서 도둑은 호랑이를 소인 줄 잘못 알고 호랑이의 등에 탔다.

　　그러자 호랑이는 곶감이 탄 줄 알고 깜짝 놀라 도망치기 시작했다. 날이 밝자 호랑이 등에 탄 도둑도 자기가 타고 있는 것이 소가 아니라 호랑이라는 것을 알고 깜짝 놀라 뛰어내렸다. 호랑이는 곶감도 떨어졌으니 살았다고 뒤도 돌아보지 않고 산속으로 도망쳤다.

○ 이야기 속에서 도둑과 호랑이가 놀란 이유는 무엇입니까?

○ 이 이야기를 통해 우리가 알아야 할 것이 무엇인지 생각해 봅시다.

흥부와 놀부

옛날 한 마을에 형 놀부와 동생 흥부가 살고 있었다. 아버지는 돌아가시면서 형제에게 많은 재산을 물려주었지만 형 놀부는 욕심이 많아서 재산을 혼자 가지려고 흥부 가족을 내쫓았다. 흥부는 착해서 형을 미워하지 않고 가난하지만 열심히 살았다.

봄이 되니 제비가 날아와 흥부의 집 지붕 밑에 집을 짓기 시작했다. 그곳에서 제비 가족은 새끼도 낳고 잘 살고 있었는데, 어느 날 큰 뱀이 제비 집으로 올라왔다. 이

에 놀라 도망치려던 새끼 제비가 땅에 떨어졌다. 흥부는 다리를 다친 새끼 제비의 다리를 고쳐 주었고 건강해진 제비는 가을이 되어 따뜻한 남쪽 나라로 날아갔다.

다음 해 봄에 그 제비가 다시 흥부의 집으로 찾아와 씨 하나를 주었다. 흥부가 이것을 심었더니 지붕에 큰 박들이 많이 열렸다. 가을이 되어 흥부는 박을 잘랐는데, 그 안에는 보물들이 들어 있었고 마침내 흥부는 큰 부자가 되었다.

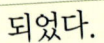

이 소문을 들은 형 놀부는 흥부보다 더 부자가 되고 싶었다. 그래서 제비 한 마리를 잡아서 다리를 부러뜨린 후, 다리를 고쳐 주었다.

다음 해 봄에 그 제비가 놀부 집으로 와서 씨를

주었고, 놀부는 즐거워하며 그 씨를 심어서 드디어 큰 박이 열렸다. 놀부는 부자가 된다는 생각으로 박을 잘랐더니 그 안에는 보물 대신 도깨비들이 있었다. 도깨비들은 놀부의 재산을 모두 빼앗아 갔다.

놀부 가족은 거지가 되어서 흥부를 찾아갔다. 착한 흥부는 형을 반갑게 맞아 주었다. 그 후로 두 형제는 사이좋게 잘 살았다.

전체 내용 이해하기

○ 다음 중 글에 대한 설명으로 <u>다른</u> 것을 고르십시오. ┄┄┄┄┄┄┄┄ (　　　)

① 제비는 추운 곳에서도 잘 사는 새이다.

② 놀부는 일부러 제비의 다리를 부러뜨렸다.

③ 놀부는 동생에게 못되게 굴고 욕심이 많은 형이다.

④ 제비는 은혜를 갚기 위해 흥부의 집에 씨를 물고 왔다.

세부 내용 이해하기

1 '흥부와 놀부' 이야기의 결말은 어떻게 끝나고 있습니까?

2 이 이야기가 주는 교훈은 무엇입니까?

3 다음 빈칸에 해당하는 단어를 생각해 봅시다.

흥부 : ⬚⬚⬚⬚⬚⬚ 을 받다

놀부 : ⬚⬚⬚⬚⬚⬚ 을 받다

4 각 단락의 이야기를 요약해 봅시다.

[시작] 옛날에 흥부와 놀부 형제가 살고 있었다.

➡

➡

➡

➡

➡ 흥부는 형 놀부를 용서하고 함께 잘 살았다.

○ 실제 한국의 이야기 '흥부와 놀부'를 찾아 읽고, 흥부와 놀부에 대해 각각 비판해 봅시다.

어휘와 표현 익히기

1 **보기** 의 단어 뜻을 사전에서 찾아보고, '흥부와 놀부'에 나오는 이야기와 관련 지어 해당하는 단어를 각각 써 보십시오.

> **보기**
>
> 유산　　선량　　치료　　회복　　욕심　　관대　　우애

(1) 아버지는 돌아가시면서 형제에게 많은 재산을 물려주었다.

(2) 형을 미워하지 않았다.

(3) 새끼 제비의 다리를 고쳐 주었다.

(4) 건강해진 제비.

(5) 형 놀부는 흥부보다 더 부자가 되고 싶었다.

(6) 착한 흥부는 형을 반갑게 맞아 주었다.

(7) 두 형제는 사이좋게 잘 살았다.

2 다음 □□□□ 안에 들어갈 말로 적당하지 <u>않은</u> 것을 고르십시오. ……… (　　　)

> 흥부는 놀부보다 □□□□ 사람입니다.

① 선량한　　　　　　　　② 너그러운
③ 심술이 많은　　　　　　④ 정이 많은

현명한 재판

옛날에 마음씨 좋기로 소문난 농부가 산길을 가고 있었다. 그런데 어디서 호랑이 우는 소리가 들려왔다. 소리 나는 곳을 가보니, 호랑이 한 마리가 함정에 빠져서 울고 있었다.

호랑이는 농부를 보자 제발 살려달라고 소리를 쳤다. 그렇지만 농부는 호랑이가 무섭기도 하고 불쌍하기도 해서 이렇게 말했다.

"네가 나를 잡아먹지 않겠다고 약속하면 너를 구해줄게."

호랑이는 절대로 농부를 잡아먹지 않겠다고 단단히 약속했다. 농부는 긴 나뭇가지를 구해 와서 함정으로 내밀었다. 그 나뭇가지를 붙잡고 호랑이는 함정 밖으로 나왔다. 그러나 나오자마자 호랑이는 ㉮농부에게 달려들었다. 그 때, 농부는 속았다고 생각했지만 그대로 죽을 수는 없어서 좋은 생각을 해냈다. 농부는 호랑이에게 재판을 하여 자기가 지면 먹이가 되어 주겠다고 했다. 그래서 호랑이는 옆에 있는 소나무에게 재판을 부탁했다. 그렇지만 소나무는 사람들이 자신을 땔감으로 쓸 때가 많다면서 호랑이의 편을 들어 주었다. 그 다음 소를 찾아갔지만 결과는 ⎣   ㉯   ⎦. 사실 사람들은 밤낮으로 소에게 일을 시키고 일을 못할 때가 되면 죽여서 가죽으로 쓰기도 하고 먹기도 한다는 것이었다. 이제 호랑이는 자기가 이겼다며 농부를 잡아먹으려고 했다.

그 때, 지나가는 토끼를 발견했다. 농부가 마지막으로 재판을 해 달라고 토끼에게 부탁했다. 토끼는 이야기를 다 들은 후 이렇게 말했다.

"저는 어떤 일이 있어났는지 직접 보지 않고는 재판을 할 수가 없습니다. 호랑이는 처음에 어디에 있었어요?"

　　호랑이는 그 말을 듣고 알았다는 듯이 화를 내면서 함정 속으로 다시 뛰어

들어가서 이렇게 소리를 쳤다.

　　"이렇게 함정 속에서 울고 있었단 말이야. 이 바보야! 이제 알겠어?"

　　토끼는 그 모습을 보면서 농부에게 말했다.

　　"이제 됐습니다. 농부님, 그냥 가던 길 가십시오. 은혜를 모르는 자는 도와

줄 필요가 없습니다."

　　농부는 토끼의 재판에 놀라며

　　"휴, 이제 살았습니다. 토끼님! 정말 감사합니다. 어떻게 이런 생각을 하셨

지요? 제가 토끼님 덕분에 살았습니다."

　　라고 말했다. 토끼는 가던 길을 갔고 농부도 집으로 돌아갔다. 함정 속에서

는 호랑이의 더 큰 울음소리가 나기 시작했다.

전체 내용 이해하기

○ 글의 내용과 같으면 ○, 다르면 ×하십시오.

(1) 호랑이는 토끼의 재판 결정에 좋아했다. ·························· (　　)

(2) 호랑이는 농부를 잡아먹기 위해서 함정 속에 들어갔다. ·········· (　　)

(3) 농부는 소나무와 소의 재판 결과에 실망했을 것이다. ············ (　　)

(4) 토끼는 농부를 살리기 위해 호랑이에게 거짓말을 했다. ·········· (　　)

1 호랑이가 농부에게 지키지 <u>않은</u> 것은 무엇입니까?

2 소나무가 호랑이의 편을 들어준 까닭은 무엇입니까?

　　　　　　　 이/가 　　　　　　　　　　 으로 사용했기 때문

3 소가 사람의 편을 들어주지 <u>않은</u> 까닭은 무엇입니까?

(1) 사람들이 　　　　　　　　　　　　　　　　　　 기 때문

(2) 소가 늙으면 죽여서 　　　　　　 기도 하고 　　　　　 기도 했기 때문

4 토끼가 농부의 편을 들어준 까닭은 호랑이가 무엇을 모른다고 생각했기 때문입니까?

5 다음 질문에 답해 봅시다.
(1) ㉮와 같은 뜻을 골라 보십시오. ⋯⋯⋯⋯⋯⋯⋯⋯⋯⋯⋯⋯⋯ (　　　)
① 재판을 받자고 제안을 했다.
② 약속을 어기고 잡아먹으려고 했다.
③ 구해줘서 고맙다며 안아주려고 했다.
④ 해치지 않겠다고 한 약속을 지키려고 했다.

(2) 다음 중 [④]에 들어갈 수 없는 것을 찾으십시오. ················· (   )

① 마찬가지였다.　　　② 같았다.

③ 달랐다.　　　　　　④ 다름없었다.

읽은 내용 확장하기

◦ 여러분은 소나무와 소의 재판 결정에 대해 어떻게 생각하십니까?

어휘와 표현 익히기

1　앞글과 관련하여 다음 빈칸에 들어갈 말을 **보기** 에서 골라 보십시오.

호랑이	농부	토끼

보기

똑똑하다　　　무식하다　　　비겁하다　　　지혜롭다　　　착하다

읽기 2

2 앞글에서 다음 단어나 표현이 쓰인 문장을 찾아 쓰고 다른 문장도 하나 더 만들어 보십시오.

(1) | ～기로 소문나다 |

① _____

② _____

(2) | 단단히 |

① _____

② _____

(3) | 덕분에 |

① _____

② _____

생각해 보기

- 물에 빠진 사람 건져주었더니 보따리 내 놓아라 한다.
- 은혜를 원수로 갚다.

138

[1~2]

> 옛날에 홀어머니를 모시고 사는 효자가 있었다. 이 효자는 병든 어머니를 위하여 이 약 저 약을 구해서 써보았으나 효과가 없었다. 그런데 어떤 유명한 의원이 어머니의 병을 (   ), 개의 쓸개 천 개를 먹으면 낫는다고 하였다. 그렇지만 효자의 집은 너무 가난해서 개를 천 마리나 살 수가 없었다.

1 (   )에 들어갈 단어를 고르십시오. ··· (   )
  ① 진찰하더니　　　　　　　　　② 관찰하더니
  ③ 치료하더니　　　　　　　　　④ 완치하더니

2 다음은 위의 이야기 뒤에 이어질 내용입니다. 잘 읽고 이야기 순서에 맞는 것을 고르십시오. ··· (   )

> ㈎ 호랑이가 된 효자는 개를 잡아 쓸개를 가지고 집으로 가서 다시 책을 읽어서 사람으로 변했다. 어머니께 약을 달여 드리고, 어머니가 다 드시면 다시 호랑이로 변하여 개를 잡으러 나갔다.

> ㈏ 깨어보니 옆에 책이 한 권 놓여 있었다. 책을 펼쳐서 읽자마자 효자의 몸이 갑자기 호랑이로 변했다.

> ㈐ 효자는 매일 아침 산에 올라가 어머니 병이 낫게 해 달라고 열심히 빌었다. 그러던 어느 날, 기도를 하다가 잠깐 잠이 들었는데 꿈에 백발노인이 나타나 책을 한 권 주고 사라졌다.

(라) 호랑이로 변한 효자가 개의 쓸개를 가지고 집으로 돌아왔다. 그러나 책이 없어지는 바람에 그는 다시 사람으로 돌아올 수 없었다. 하지만 호랑이로 변해 있어도 효자는 여전히 개를 잡아서 어머니께 드렸다. 그러던 호랑이는 어머니가 돌아가시고 나자 어디론가 사라졌다.

(마) 어느 날 효자의 아내는 자기 남편이 호랑이로 변하는 것이 무서웠다. 그래서 남편이 호랑이로 변해 나간 사이에 책을 불태워버렸다.

① (라)–(나)–(다)–(라)–(마)
② (가)–(다)–(라)–(나)–(마)
③ (다)–(나)–(가)–(마)–(라)
④ (다)–(가)–(라)–(나)–(마)

어휘

☐ 달래다	☐ 단단히
☐ 그치다	☐ 재판
☐ 곶감	☐ 땔감
☐ 외양간	☐ 은혜
☐ 물려주다	
☐ 보물	
☐ 부러뜨리다	
☐ 도깨비	
☐ 빼앗다	
☐ 함정	

〈곶감〉

울산바위 이야기

여러분, 울산바위가 어디에 있는지 아십니까?

울산에 있다고요? 아닙니다. 울산바위는 설악산에 있습니다.

지금부터 그 이야기를 해 보겠습니다.

아주 아주 먼 옛날, 하느님이 금강산의 아름다운 봉우리를 만들기 위해 전국의 모든 크고 잘 생긴 바위를 불렀습니다.

이 때, 울산에 있던 큰 바위도 금강산의 봉우리가 되기 위해 길을 떠났습니다. 그러나 울산바위는 너무 뚱뚱하고 게을러서 걷다가 쉬다가 하다 보니 빨리 갈 수가 없었습니다. 그러던 어느 날 울산바위가 드디어 설악산에 도착했을 즈음, '금강산을 만들 바위가 다 모였으니 더 이상 바위가 필요없다.'는 소식이 들렸습니다.

이 말을 들은 울산바위는 그 자리에 주저앉아서 엉엉~~ 울었습니다. 이 사실을 안 하느님은 설악산이 금강산 다음으로 아름다운 산이니 이 설악산에서 사는 것이 어떠냐고 했습니다. 그래서 울산바위는 그 때부터 설악산에서 살게 되었다고 합니다.

여러분, 설악산에 가시면 울산바위를 꼭 한 번 보세요. 울창한 숲 속에 큰 바위가 지나가다가 잠시 쉬고 있는 듯한 모습일 겁니다.

제10과

운동과 건강

1 아침밥
2 건강을 위한 충고
3 삶의 자세와 건강

아침밥

사람들은 건강을 위해 무엇을 하고 있는가? 건강을 위해서 무엇보다도 평소 건강을 지키는 것이 아주 중요하다. 그것은 아침, 점심, 저녁을 꾸준하게 챙겨먹고 과식하지 않으며 적당한 운동으로 스트레스를 해소하는 것이다. 그런데 이러한 일 중 사람들이 별로 지키지 않는 일이 있다. 그것은 아침을 챙겨 먹는 일이다.

한국 사람들은 생활이 바쁘다. '빨리빨리' 문화가 있는 만큼 마음도 급하다. 하루 중 그 어느 시간보다도 아침이 바쁘다. 일어나면 학교에 가고 출근하기 바빠 먹는 것을 소홀히 한다. 하지만 아침밥은 건강을 위해 아주 중요하다. 저녁 이후 아침까지 공복의 시간이 오래 지속되었기 때문에 하루 시작의 에너지 공급원이 부족하다. 따라서 활기찬 하루의 시작을 위해서는 꼭 아침을 챙겨 먹어야 한다.

- 여러분은 아침을 잘 먹습니까?

- 여러분 나라의 아침은 어떤 음식입니까?

건강을 위한 충고

(가) [   ]

　일부러 크게 소리 내서 자주 웃는 것이 좋다. 매일 10분 이상 웃으면 잘 늙지 않는다. 반대로 찡그리고 나쁜 일을 생각하면 각종 질병과 암에 걸릴 확률이 높다.

(나) [   ]

　한 달이나 두 달에 한 번쯤은 친구들이나 또는 가족끼리 모여 식사도 하고, 노래방 등에 가서 마음껏 노래도 부르고 춤도 춰 보는 것이 좋다. 단, 땀이 나도록 노는 것이 중요하다.

(다) [   ]

　조금이라도 아침을 먹는 것이 좋다. 아침을 굶으면 점심때 배가 부르도록 먹게 되어 비만의 원인이 된다. 그리고 조금씩 자주 먹어야 비만과 성인병이 예방되고 질병에 걸릴 확률도 줄어든다. 식사 때는 배가 부르기 직전에 수저를 놓는 것이 좋다. 양은 밥공기로 3/4정도면 적당하다.

(라) [   ]

　매일 여러 가지 색깔의 채소나 과일을 차례대로 먹어 보자. 각 색깔마다 다른 영양소가 노화와 암을 예방해 주는 데
도움을 준다.

(마) ☐

　일찍 자고 일찍 일어나는 것이 건강에 좋다. 12시 전에 잠을 자면 노화가 방지된다. 또 너무 적은 수면(5시간 이하)이나 너무 많은 수면(9시간 이상)은 모두 수명을 짧게 한다.

(바) ☐

　물은 공복에 마셔야 살이 찌지 않는다. 또한 가능하다면 3ℓ 이상 마시는 것이 좋다. 단 3분 동안 300㎖ 정도씩 자주 마시는 것이 좋다.

전체 내용 이해하기

○ 글의 내용과 <u>같은</u> 것을 <u>모두</u> 고르십시오. ·· (　　　)

① 자주 웃으면 병에 잘 걸리지 않는다.

② 물은 빈속에 마시면 살이 찌지 않는다.

③ 땀이 날 때까지 마음껏 놀면 건강에 도움이 된다.

④ 자주 많이 먹으면 비만과 성인병에 걸리지 않는다.

⑤ 너무 적게 자거나 너무 많이 자면 수명이 짧아진다.

1 각 단락의 앞부분에 들어갈 말로 적당한 것을 연결해 보십시오.

(가) •   • ㉠ 밤 12시 전에 잠들고, 하루 6시간은 자도록 하라.

(나) •   • ㉡ 매일 다양한 색깔의 채소와 과일을 먹어라.

(다) •   • ㉢ 하루 8잔 이상의 물을 마셔라.

(라) •   • ㉣ 크게 웃고, 나쁜 것은 잊어 버려라.

(마) •   • ㉤ 하루 세 끼를 꼬박꼬박 챙기되, 적게 먹어라.

(바) •   • ㉥ 재미있게 놀아라.

2 건강하게 살기 위해서는 어떤 생활 태도를 갖는 것이 좋겠습니까?

3 아침을 굶으면 살이 찔 가능성이 많은 이유는 무엇입니까?

4 빨리 늙고 싶지 <u>않은</u> 사람은 몇 시 정도에 자는 것이 좋습니까?

읽은 내용 확장하기

○ 여러분이 건강을 위해 지키고 있는 것을 이야기 해 봅시다.

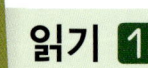

어휘와 표현 익히기

○ 다음 나무에 건강을 위한 나뭇잎을 하나씩 달아 줍시다.

'건강 나무 키우기'

읽기 ❷

삶의 자세와 건강

옛날에는 사람들에게 가장 무서운 적은 각종 질병이었다. 의료기술이 발달하기 전, 질병은 곧 죽음으로 이어졌기 때문이다. 차츰 사람들은 질병의 고통에서 벗어나 삶의 수준을 높이는 것에 관심을 쏟았지만, 지금도 여전히 건강하게 사는 것이 최고의 소망이다.

대기업 말단 직원, 건설회사 대표 아들, 제과점 사장의 세 남자가 있다. 비슷한 나이인 이들은 모두 건강에 관심이 많고, 운동량과 식습관이 비슷했지만 건강 상태는 전혀 다르다.

가장 건강한 사람은 ┃ ㉮ ┃이다. 그는 가난했지만 꿈을 이루기 위해 열심히 일했고 마침내 작은 빵집을 열었다. 얼마 후 그의 친절함과 손맛에 손님들의 발길이 끊이지 않았다. 그는 작년부터 자기가 만든 빵을 고아원에 보내주는 일을 시작했고 주위 사람들은 ㉠그런 그를 좋아했다. 자신이 하고 싶은 일을 하며 느끼는 만족은 그 어떤 보약보다도 그를 건강하게 만들었다.

그 다음으로 건강한 사람은 ┃ ㉯ ┃. 그는 명문대를 졸업한 뒤 남들이 부러워하는 회사에 취직했다. 하지만 일에 대한 부담이 심했고, 늘 상사의 눈치를 봤다. 항상 일은 많이 하지만 그가 하는 일은 누구나 할 수 있는 그런 일이었다. 그는 회사에서 정말 중요한 일을 해본 적이 없다. 즉, 그는 회사에서 있으나 마나 한 그런 사람이었다.

건강이 제일 좋지 못한 사람은 ☐☐☐☐☐☐☐☐ 이다. 부잣집에서 태어난 그는 음악가가 되고 싶었지만 아버지의 요구대로 경영수업을 받으며 수동적인 삶을 살았다. 이루지 못한 꿈 때문에 지금의 일은 열심히 하고 싶은 생각이 들지 않았다. 그는 항상 스트레스가 가득 차 있었고, 이 스트레스를 풀기 위해 술과 담배를 즐겼다.

세 사람의 건강 상태가 다른 이유는 자신의 삶을 바라보는 눈이 각각 달랐기 때문이다. ⓛ이것은 태어나면서부터 남보다 건강하다거나, 좋은 약을 먹거나 좋은 병원에 가는 것보다도 건강에 더 큰 영향을 줄 수 있다. 즉 '자신의 삶에 얼마나 만족하고 있는가?' 가 건강을 좌우하는 것이다. 우리에게 필요한 것은 비타민 한 알보다 진정으로 내 삶을 사랑하는 자세이다. 건강과 질병은 모두 마음으로부터 만들어진다.

전체 내용 이해하기

● 글의 내용과 같으면 ○, 다르면 ×하십시오.

(1) ㉮사람의 빵집은 맛이 좋고 친절하다. ……………………………………… (   )

(2) ㉯사람은 좋은 대학을 나왔고, 좋은 회사에 취직했다. ……………… (   )

(3) ㉰사람은 현재에 만족하지 못하고 있는 사람이다. …………………… (   )

(4) 사람들이 건강하게 살려면 하루에 한 알 정도의 비타민을 먹어야 한다. …… (   )

세부 내용 이해하기

1 이 글 전체 내용을 요약할 수 있는 문장을 하나 찾아 옮겨 써 봅시다.

2 글에서 건강을 위해 사람들에게 가장 필요한 것이 무엇이라고 했습니까?

3 ㉮의 빵집에 많은 손님이 오는 이유는 무엇입니까?

4 ㉮, ㉯, ㉰에 들어갈 사람을 찾아봅시다.

㉮

㉯

㉰

5 밑줄 친 ㉠의 '그런 그', 밑줄 친 ㉡의 '이것' 이 지시하는 말을 찾아 써 보십시오.

㉠

㉡

읽은 내용 확장하기

- 우리는 자신의 삶에 얼마나 만족하고 있는가를 생각해 봅시다.

어휘와 표현 익히기

1 다음 단어들은 앞글에 나오는 한국어 '부사(adverb)'들이다. 이들의 뜻을 글을 통해 살펴본 후 짧은 문장을 하나씩 만들어 보십시오.

- 가장

- 곧

- 차츰

- 여전히

- 전혀

- 마침내

- 늘

- 정말

- 열심히　

- 가득　

- 각각　

2　다음 표현을 이용하여 문장을 만들어 보십시오.

(1) 발길이 끊이지 않다

_____

(2) 눈치를 보다

_____

(3) 부담이 심하다

_____

3　다음 물음에 답해 보십시오.

(1) '수동적인 삶' 과 반대되는 말을 써 보십시오.

(2) '누구나 할 수 있는 그러한 일' 과 '있으나 마나 한 그런 사람' 을 간단하게 말해
　　보려고 한다. 다음 빈칸에 공통으로 들어갈 단어를 써 봅시다.

- 누구나 할 수 있는 그러한 일 : [　　　　　　] 한 일

- 있으나 마나 한 그런 사람 : [　　　　　　] 한 사람

실력 올리기

✽ 요가 자세

나무 자세

허벅지, 종아리, 발목 그리고 척추를 강화시켜 줍니다. 균형감각을 향상시켜 줍니다.

활 자세

여자들에게 좋은 자세이다. 변비와 생리통에 좋다.

뱀 자세

폐, 대장, 위장을 건강하게 하고 소화기 계통의 순환에 좋다. 또한 허리가 아픈 사람에게도 좋다.

물고기 자세

목 뒤의 긴장을 풀어주고, 기관지의 기능을 활성화시켜 스트레스를 풀어준다.

[1]

· 왕창은 요즘 밥을 먹으면 잘 체한다.
· 엘레나는 아침에 기침이 자주 나고 목이 아프다.
· 마야는 생리일이 되면 배가 너무 아파 늘 결석을 한다.
· 모나드는 허리가 아파 몸을 앞으로 구부려 머리를 감을 수 없다.

1 다음 사람들은 왼쪽 페이지에 있는 어떤 자세의 요가를 해야 할까요?

1) 왕창 :

2) 엘레나 :

3) 마야 :

4) 모나드 :

[2]

　요즘 사람들은 바닷가나 강가, 또는 주변 학교 운동장을 이용하여 걷기를 많이 한다. 하루에 30분 정도 걸으면 소화가 잘 되고, 40분 정도 걸으면 건강이 유지되며, 1시간 이상 걸으면 살이 빠진다고 한다.

2 이 글의 중심 내용으로 알맞은 것을 고르십시오. ⋯⋯⋯⋯⋯⋯⋯⋯⋯⋯ (　　　)
① 살을 빼려면 걸어라.　　　　② 걷기는 건강에 좋다.
③ 조깅보다 걷기가 좋다.　　　④ 요즘 사람들은 잘 걷는다.

[3~4]

〈걷기 운동의 좋은 점〉
· 안정적이다.
· 누구나 쉽게 할 수 있다.
· 경제적인 부담이 전혀 없다.
· 언제 어디서나 쉽게 할 수 있다.

〈걷기를 위한 상식〉
· 신발은 충격흡수가 잘 되고 꼭 끼지 않는 신발을 착용한다.
· 복장은 걷기에 편리하면서 통풍이 잘 되고 땀 흡수가 잘 되는 면소재의
  옷을 입는다.
· 양말은 쿠션성이 좋은 두꺼운 양말을 착용한다.
· 고도 비만이거나 관절이 좋지 않은 사람은 물속 걷기가 좋다.
· 운동 전이나 후에는 반드시 스트레칭으로 마무리한다.

3 이 글의 내용과 같은 것을 고르십시오. ┈┈┈┈┈┈┈┈┈┈┈┈┈┈ (　　　)
① 걷기 운동은 돈이 꽤 든다.
② 걷기는 비교적 위험한 운동이다.
③ 걷기 운동은 아무데서나 할 수 있다.
④ 걷기는 아침에만 할 수 있는 운동이다.

4 다음 중 걷기 위한 상식으로 알맞은 것을 고르십시오. ┈┈┈┈┈ (　　　)
① 준비 운동 없이 해도 좋다.
② 양말은 약간 얇은 것이 좋다.
③ 뚱뚱한 사람은 물에서 걷는 것이 좋다.
④ 신발은 자신의 발보다 작은 것이 좋다.

[5~10]

세계적으로 비만 환자가 최근 빠르게 늘어간다. 비만을 예방하기 위해서는 과일과 채소를 많이 먹어야 한다. 1989년 미국 캘리포니아에서 '하루에 5회(5 a day)' 운동이 시작되었다. 과일과 채소를 매일 ㉠최소한 5번은 먹자는 뜻이다. 한국에서도 ㉡이런 운동의 영향을 받아 '하루에 3번, 6가지 이상의 채소와 과일을, 5색으로 맞춰 먹자.'는 '365캠페인'을 진행하고 있다. 채소와 과일에 풍부한 섬유질은 혈당을 조절하고 식욕을 줄여준다. 또 탄수화물이 혈당으로 바뀌는 속도를 늦추어 탄수화물을 지나치게 많이 먹지 않도록 해 준다. 이 때문에 채소와 과일을 많이 먹는 식사는 체중조절에 도움이 되는 것이다.

5 밑줄 친 ㉠의 의미와 같은 것을 고르십시오. ⋯⋯⋯⋯⋯⋯⋯⋯⋯ (   )
① 5번만
② 5번 이하
③ 5번 아래
④ 5번 이상

6 밑줄 친 ㉡의 '이런 운동'에 해당하는 말을 찾아 옮겨 쓰십시오.

7 채소와 과일에 있는 것으로, 사람 핏속에 있는 당분을 조절하고 먹고 싶은 마음을 줄여주는 성분은 무엇인지 글에서 찾아 쓰십시오.

8 이 글의 주제로 알맞은 것을 고르십시오. ·························· (　　　)
① 식사 때 주의할 사항
② 채소와 과일의 영양가
③ 비만 예방을 위한 음식
④ 허약 체질을 돕는 음식

9 이 글에서의 의미가 <u>다른</u> 하나를 고르십시오. ·················· (　　　)
① 식욕을 줄여준다.
② 속도를 늦추어 준다.
③ 체중조절에 도움이 된다.
④ 많이 먹지 않도록 해 준다.

10 이 글로 알 수 <u>없는</u> 것을 고르십시오. ·························· (　　　)
① 채소와 과일은 탄수화물의 섭취를 줄여준다.
② 채소와 과일을 많이 먹으면 피부가 아주 고와진다.
③ 채소와 과일을 먹으면 혈당이 높아지는 것을 방지할 수 있다.
④ 채소와 과일을 먹으면 살이 많이 찌는 것을 방지할 수 있다.

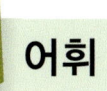

어휘

☐ 과식하다	☐ 노화
☐ 해소하다	☐ 방지되다
☐ 공복	☐ 수면
☐ 공급원	☐ 수명
☐ 일부러	☐ 관심을 쏟다
☐ 굶다	☐ 보약
☐ 비만	☐ 부담
☐ 성인병	☐ 눈치를 보다
☐ 줄어들다	☐ 수동적
☐ 예방하다	☐ 좌우하다

〈보약〉

한국인의 비타민 10대 음식

마늘 암예방
하루 반쪽, 꾸준한 마늘 섭취가 암을 50%까지 예방.

콩 당뇨병 예방
콩의 풍부한 식이섬유가 급격한 혈당상승을 억제.

고등어 심장병 예방
주 2회 고등어 섭취! 불포화 지방산이 혈액을 맑게 함. 혈액순환에도 좋음.

호두 노화 억제
비타민E가 풍부함. 하루 한 개의 호두는 무병장수의 비결.

버섯 다이어트
칼로리는 낮고, 포만감은 높이는 식이섬유가 과식을 억제함.

보리 정력 증강
최고의 자연식 강장제! 말초신경 활동 증진, 기능 향상.

부추 활성산소 해독
항산화 작용 베타·카로틴이 노화의 원인인 활성산소 발생을 억제.

김 시력 보호
눈의 비타민인 비타민 A가 많음. 야맹증 예방.

달걀 두뇌 개발
노른자에 들어있는 레시틴이 기억력 증진시킴, 치매 예방.

풋고추 면역 강화
비타민C가 바이러스에 대한 저항력 증진에 도움을 줌. 하루 권장량 풋고추 2개면 OK!

제11과

음식

1 김치의 유래
2 까마귀와 약밥
3 음식 궁합

김치의 유래

김치의 옛말은 침채였다. 그 뜻은 채소를 소금물에 담가 가라앉혔다는 것이다. 그런데 말이란 시간이 흐르면서 조금씩 발음이 변하게 된다. 침채는 팀채로 발음되다가 다시 딤채가 되고 김채가 되었다가 지금과 같이 김치로 변했다.

깍두기	배추김치
총각김치	오이소박이

● 지금의 '김치' 라는 단어가 되기까지의 과정을 쓰십시오.

침채 → [   ] → [   ] → [   ] → 김치

까마귀와 약밥

정월 대보름은 음력 1월 15일로 한국의 명절 중 하나이다. 이 날이 되면 여러 가지 행사가 열리고, 오곡밥, 나물과 함께 약밥을 만들어 먹는다.

약밥을 만들어 먹는 것은 신라 소지왕(炤知王) 때부터 시작되었다. 하루는 소지왕이 길을 가고 있는데 까마귀가 봉투 하나를 물고 와서 왕의 앞에 떨어뜨렸다. 그런데 봉투에는 "열어보면 ㉠두 사람이 죽고, 열지 않으면 ㉡한 사람이 죽는다."고 쓰여 있었다.

왕은 두 사람이 죽는 것보다 한 사람이 죽는 것이 낫다고 생각하고 보지 않으려 하였다. 그러나 주위 사람들은 그 한 사람이라는 것이 왕이라고 하면서 열어보아야 한다고 하였다. 왕이 봉투를 열어보니, "궁중의 병풍을 쏴라."라고 적혀 있었다. 왕은 곧바로 궁중으로 달려갔다. 큰 병풍을 보고 활을 힘껏 쏘았다.

병풍 뒤에 숨어있던 두 사람이 왕의 화살에 맞아 죽었다. 왕의 부하와 왕비가 왕을 죽일 계획을 세우고 병풍 뒤에 숨어있었던 것이다. 그 후부터 왕은 ㉢까마귀의 은혜에 보답하기 위하여 정월 대보름이 되면 약밥을 만들어 까마귀에게 주었다고 한다.

약밥은 요즈음도 먹는데, 대보름뿐만 아니라 명절이나 잔치 등 특별한 날에 먹는 고급 음식이다. 하지만 사람들은 약밥을 먹으면서 까마귀를 생각하지는 않는다.

전체 내용 이해하기

- 글의 내용과 같은 것을 고르십시오. .... (   )

  ① 약밥은 정월 대보름에만 먹는다.

  ② 약밥은 신라시대 소지왕 이전부터 만들어 먹었다.

  ③ 정월 대보름에는 오곡밥과 약밥 등을 만들어 먹는다.

  ④ 사람들은 약밥을 먹으면서 까마귀의 은혜를 여전히 생각한다.

  ⑤ 까마귀의 은혜에 보답하기 위해 명절마다 약밥을 만들어 까마귀에게 주었다.

세부 내용 이해하기

1 이 글은 '약밥의 [   ]' 에 관한 이야기이다. [   ] 에 들어갈 말을 써 봅시다.

   _____

2 정월 대보름의 약밥은 무엇을 위해 만들기 시작한 것입니까?

   [   ]에 [   ] 하기 위하여

3 밑줄 친 ㉠의 '두 사람' 과 밑줄 친 ㉡의 '한 사람' 은 누구입니까?

- ㉠두 사람 :
- ㉡한 사람 :

4 밑줄 친 ㉢의 '까마귀 은혜' 는 어떤 은혜입니까? 말해 보십시오.

● 읽은 내용 확장하기

- 한국의 음식 중 특별한 날에 먹는 음식을 조사해 와서 발표해 봅시다

특별한 날 이름	먹는 음식	먹는 이유나 의미

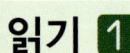

어휘와 표현 익히기

1 한국의 떡 종류를 찾아 적어 와서 발표해 봅시다.

음식 궁합

(가) 먹는 즐거움은 인간에게 주어진 값진 보물이며, 잘 먹어야 건강하게 살 수 있다. 하지만 먹을거리가 우리의 건강을 지켜주지 못하고 오히려 건강을 해치는 원인이 되고 있다. 그러다보니 특별한 질병은 없지만 완전히 건강하지도 않은 현대인들이 늘고 있다. 현대인들의 온전한 건강을 위해 관심을 받고 있는 것 중 하나가 바로 음식 궁합이다.

(나) 우리는 좋은 음식을 가리켜 보약이라는 표현을 자주 사용한다. 하지만 영양이 좋은 음식이라고 해서 무조건 좋은 것이 아니다. 함께 먹으면 이로운 것이 있는가 하면 오히려 해가 되는 것도 있다. 예를 들어 시금치에 들어있는 철분(Fe)은 흡수가 잘 되지 않지만, 비타민 C가 풍부한 식품과 함께 먹으면 철분의 흡수를 도와준다.

(다) 반대로 하나하나를 놓고 보면 좋은 식품이지만, 함께 먹으면 영양소 흡수가 방해되는 상극의 궁합도 있다. 예를 들어 토마토에 설탕을 뿌려 먹는 경우가 많은데 사실 토마토와 설탕은 궁합이 맞지 않는

식품이다. 토마토에 설탕을 뿌리게 되면 귀중한 비타민 B1이 파괴되어 버린다. 오이와 무도 서로 맞지 않는 식품으로 오이에 있는 효소가 무의 비타민 C를 파괴한다.

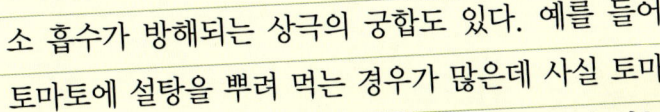

(라) 최근 음식 궁합은 동양뿐 아니라 서양에서도 건강한 식생활로 주목을 받고 있다. 미국 CNN 방송에서도 "음식에도 궁합이 있으며 짝이 맞는 음식을 섭취하는 것이 좋다."며 서로 어울리는 음식과 어울리지 않는 음식들을 소개하기도 했다. 스테이크를 비롯해 동물성 지방이 있는 음식에 야채를 곁들이는 서양의 전통적인 방법도 바로 음식 궁합의 하나이다.

(마) 이렇듯 동서양을 아울러 주목받고 있는 음식 궁합은 '잘 먹고 잘 사는' 진정한 웰빙의 첫걸음이라고 할 수 있다.

전체 내용 이해하기

● 글의 중심 내용을 찾아보십시오. ⋯⋯⋯⋯⋯⋯⋯⋯⋯⋯⋯⋯⋯ (   )

① 잘 먹어야 건강하게 살 수 있다.

② 보약은 우리의 몸에 좋은 음식이다.

③ 짝이 맞는 음식을 섭취하는 것이 좋다.

④ 건강을 위해 웰빙 음식을 먹어야 한다.

● 글의 내용과 <u>다른</u> 것을 고르십시오. ⋯⋯⋯⋯⋯⋯⋯⋯⋯⋯⋯⋯⋯ (   )

① 영양이 좋은 음식은 무조건 좋은 음식이다.
② 동양뿐 아니라 서양에도 음식에 궁합이 있다.
③ 현대인들은 음식 궁합에 관심을 가지고 있다.
④ 함께 먹으면 영양소 흡수를 방해하는 음식이 있다.

세부 내용 이해하기

1 　글에서 '특별한 질병은 없지만 완전히 건강하지도 않은 현대인들이 늘고 있는 원인' 을 무엇이라고 생각합니까?

2 　함께 먹으면 좋은 음식에는 무엇과 무엇이 있습니까?

3 　함께 먹으면 나쁜 음식은 무엇과 무엇이 있습니까?

4 ㈎ ~ ㈑의 중심문장을 찾아 줄을 긋고, 이를 이용하여 각 단락의 제목을 만들어 봅시다.

㈎ | 음식궁합

㈏ |

㈐ |

㈑ |

㈒ |

▶ **읽은 내용 확장하기**

○ 자신의 체질이 다음 중 어디에 속하는지를 인터넷을 통해 알아보고, 자신에게 좋은 음식과 좋지 않은 음식을 찾아 적어 봅시다.

〈사람의 체질〉
태양인　태음인　소양인　소음인

나에게 좋은 음식들	나에게 좋지 않은 음식들

1 다음 **보기** 의 단어를 아래 문장의 알맞은 곳에 넣어 보십시오.

보기　　섭취　　소화　　소화력　　촉진　　비만　　성인병　　노화

(1) 오늘 점심 먹은 것이 [＿＿＿＿＿＿＿]가 잘 안 된다.

(2) 우유는 칼슘(Ca) [＿＿＿＿＿＿＿]에 좋은 음식이다.

(3) 햇볕을 많이 받으면 피부 [＿＿＿＿＿＿＿]가 빨리 일어난다.

(4) 생선을 먹으면서 생강을 먹으면 소화를 [＿＿＿＿＿＿＿] 시킨다고 한다.

(5) 저 아이의 [＿＿＿＿＿＿＿]은 대단하다. 그렇게 많은 음식을 먹고도 체하지

　　않다니…….

(6) 요즘 아이들한테도 당뇨병과 같은 [＿＿＿＿＿＿＿]이 많다는 통계가 나왔다.

2 다음 보기 의 단어는 음식의 맛을 표현할 때 쓰인다. 적절한 곳에 넣어 보십시오.

보기   새콤하다   느끼하다   깔끔하다   순하다   진하다   달콤하다

(1) 이 음식은 기름기가 많아 좀 [   ].

(2) 이 음식에는 식초가 많이 들어가 좀 [   ].

(3) 이 음식은 아이들을 위해 야채와 연한 고기로 만들어 맛이 [   ].

(4) 이 음식에는 설탕이 많이 들어가 좀 [   ].

(5) 이 커피는 너무 [   ]. 뜨거운 물을 더 부어 마셔야겠다.

[1~2]

> 좋은 메주는 겉이 딱딱하고 속은 ㉠말랑하다. 겉이 거무스름하거나 끈적거리면 좋지 않은 메주이다. 메주의 색이 원래 콩 빛깔 그대로면 덜 뜬 것이다. 색은 붉은빛이 도는 황색이 좋다. 잘 뜬 메주의 곰팡이는 흰색이나 노란색을 띠고, 검거나 푸르면 잡균이 번식한 것이다.

1 밑줄 친 ㉠과 가장 가까운 의미는 어느 것입니까? ·············· (   )
① 두껍다　　　　　　　　② 거칠다
③ 보드랍다　　　　　　　④ 비어있다

2 다음 중 좋지 <u>않은</u> 메주는 어느 것입니까? ·············· (   )
① 습기가 없는 메주
② 검은 색을 띤 메주
③ 흰색 곰팡이가 있는 메주
④ 노란 색 곰팡이가 있는 메주

[3]

> ·생강은 비닐이나 젖은 행주에 싸서 냉장고에 넣는다.
> ·식용유는 직사광선을 피해 어둡고 시원한 곳에 보관하는 것이 좋다.
> ·당근은 마른 신문지로 싸서 비닐봉지에 넣어 냉장고의 야채칸에 넣어둔다.
> ·마요네즈는 여름에만 냉장고 문쪽 칸에 넣어두고, 다른 계절에는 실온에 두는 게 좋다.

3 이 글의 제목으로 알맞은 것을 고르십시오. ·············· (   )
① 식품 세척 방법　　　　② 식품 사용 방법
③ 식품 절약 방법　　　　④ 식품 보관 방법

[4~5]

> 하나하나의 음식을 예쁘게 담아내는 것이 일본적인 것이면, 여러 가지를 한 곳에 넣어 섞고 비비는 비빔밥 같은 것이 한국적인 음식이라 하겠다. 즉 일본은 아름다움의 식탁이며, 한국은 맛의 밥상이라고 할 수 있다. 따라서 일본 음식이 (㉠)의 음식이라면, 한국의 음식은 (㉡)의 음식인 것이다.

4 이 글에서 사용하고 있는 설명 방법은 어느 것입니까? ·········· (　　　)
① 묘사　　② 서사　　③ 정의　　④ 대조

5 ㉠과 ㉡에 들어갈 말로 알맞은 것을 〈보기〉에서 골라 쓰십시오.

〈보기〉 눈, 코, 입, 혀, 귀

㉠ : _____

㉡ : _____

[6~8]

> ### ♧ '떡볶이' 만들기 ♧
>
> 〈재료〉 가래떡, 고추장, 양파, 대파, 간장, 후추, 멸치, 다시마, 설탕,
> 　　　참기름, 다진 마늘
> 〈준비〉
> 1. 떡은 끓는 물에 데쳐서 말랑하게 만든다.

2. 어묵은 먹기 좋은 크기로 썬 다음 끓는 물에 한번 데쳐서 나쁜 기름을 빼준다.

3. 양파와 대파는 미리 썰어 놓는다.

4. 쇠고기가 있으면 작은 크기로 썰어 놓는다.

5. 물에 멸치와 다시마를 넣고 끓여 멸치 육수를 만들어 놓는다.

〈만들기〉

1. 만들어 놓은 멸치 육수에 고추장을 풀고, 설탕을 조금 넣은 후 불에 올려 끓인다.

2. 끓고 있는 고추장 물에 쇠고기, 데쳐 놓은 어묵. 떡 순서로 넣는다.

3. 다진 마늘과 양파, 대파를 넣는다.

4. 어묵과 떡에 고추장 양념이 배어들면 참기름을 조금 넣고 저어준다.

5. 접시에 예쁘게 담아낸다.

6 이 글에서 '떡볶이'를 만들 때, 사용된 조리법이 <u>아닌</u> 것을 <u>모두</u> 고르십시오.

( )

① 삶기　　② 썰기　　③ 찌기　　④ 볶기
⑤ 데치기　⑥ 끓이기　⑦ 다지기　⑧ 굽기

7 어묵을 끓는 물에 데치는 이유는 무엇입니까? ( )

① 뜨겁게 먹기 위해
② 요리를 편하게 하기 위해
③ 모양을 예쁘게 하기 위해
④ 나쁜 기름을 빼 내기 위해

8 떡볶이를 만들 때, 제일 마지막에 넣은 양념은 무엇입니까?

- □ 가라앉히다
- □ 오곡밥
- □ 물다
- □ 병풍
- □ 힘껏
- □ 쏘다
- □ 궁합
- □ 이롭다
- □ 흡수
- □ 상극

- □ 파괴되다
- □ 주목을 받다
- □ 섭취하다
- □ 곁들이다
- □ 웰빙
- □ 첫걸음

〈병풍〉

궁합이 좋은 음식

● 조개와 쑥갓

조개는 단백질 함량이 높고 지방이 적은 것이 특징이다. 조개에 없는 비타민을 보충할 수 있는 쑥갓을 넣어 요리를 할 경우 단백질과 비타민을 동시에 섭취할 수 있다.

● 돼지고기와 새우젓

단백질과 지방의 소화에 필요한 효소가 새우젓에 많이 함유되어 있어 돼지고기의 소화를 촉진시켜 준다.

● 적포도주와 고기요리

기름기가 많은 육류를 먹으면서 적포도주를 마시게 되면 느끼한 맛을 덜어 주며 고기 맛을 잘 느끼게 해 준다.

● 소주와 오이

소주를 마실 때 오이를 소주 안에 넣으면 맛이 순해지고 부족하기 쉬운 칼륨을 보충시켜 준다.

● 레몬과 홍차

홍차는 녹차를 발효시켜 만든 것으로 비타민 C가 많이 파괴되어 있다. 그래서 레몬과 함께 마시게 되면 레몬에 있는 비타민 C가 홍차의 부족한 영양을 보충해주고 맛도 좋아진다.

궁합이 나쁜 음식

● **스테이크와 버터**

스테이크용 고기는 안심과 등심으로 많은 지방과 콜레스테롤을 함유하고 있다. 버터 또한 많은 콜레스테롤이 들어 있어서 같이 먹게 되면 과다한 콜레스테롤 섭취가 된다.

● **김과 기름과 소금**

김에 기름을 바르고 소금을 뿌려서 먹는 것이 보통이다. 그러나 김에 기름을 발라 구운 것은 공기와 햇빛으로 산화가 되어 몸에 좋지 않은 성분이 생긴다. 또 바다에서 나는 수산물은 대개 소금기를 갖고 있어서 소금을 뿌리고 먹게 되면 나트륨(Na)의 섭취가 많아 고혈압 등 성인병에 걸릴 위험이 많다.

● **미역과 파**

미역은 칼슘(Ca)과 요오드(I)가 풍부한 저열량 식품으로 미끈미끈한 성분인 알긴산이 풍부하다. 그런데 파도 미역처럼 미끈미끈한 성분을 가지고 있으므로 미역요리에 파를 넣으면 너무 미끄러워 음식맛이 어울리지 않고 알긴산의 흡착력이 떨어지게 된다.

● **우유와 소금, 설탕**

우유에 익숙하지 않은 사람이 흔히 소금이나 설탕을 넣어 마시는 경우가 많다.

맛이 진하게 느껴질지 모르나 바르게 먹는 법으로는 볼 수 없다. 우유에는 알맞은 염분이 들어 있고, 짜게 먹으면 건강상 문제가 있다. 설탕을 넣으면 단맛 때문에 마시기는 좋지만 비타민 B1의 손실이 커진다. 우유를 꼭꼭 씹어 먹으면 우유의 원래의 맛을 느낄 수 있고 소화도 돕는다.

제12과

인물

1 세계적인 한국 축구선수
2 세상에서 가장 못생긴 발
3 파리에 울린 한국의 소리

세계적인 한국 축구선수

박지성은 1981년 서울에서 태어났다. 2009년 현재 맨체스터 유나이티드에서 활동하고 있는 한국의 축구 선수이다.

초등학교 때 축구를 시작한 박지성은 명지대학교에 입학한 후, 2000년 처음으로 국가대표팀이 되었다. 2000년 6월, 대학을 휴학하고 한국인 중에서 가장 어린 나이에 일본 프로 축구단에 입단하였다.

박지성은 2002년 월드컵 대표팀에 들어가고 나서 축구선수로서 세계의 인정을 받게 되었다. 이때 한국팀 감독은 거스 히딩크였는데, 그는 박지성의 재능과 성실함을 높이 샀다. 그 후 한일 월드컵이 끝나고 그는 일본의 축구단을 떠났다. 그리고 2003년 거스 히딩크 감독이 있는 네덜란드 프로 축구단에 입단했다. 그리고 2005년 영국의 맨체스터 유나이티드로 옮겼다.

○ 자기 나라에 있는 세계적인 운동선수를 찾아봅시다.

세상에서 가장 못생긴 발

(가) 1982년 15세의 나이로 독일의 발레 학교에 입학한 후 지금까지 강수진의 삶은 시련과 극복, 도전과 성공의 연속이었다. 그가 겪은 가장 최근의 어려움은 1999년, 왼쪽 다리뼈에 큰 문제가 있다는 사실을 알게 된 후이다. "뼈가 완전히 붙을 때까지 무조건 쉬어야 한다."는 의사의 말에 그녀는 15개월 동안 쉴 수밖에 없었다. 미래가 보이지 않았다.

(나) 발레를 잘 모르는 사람이라도 '강수진'이라는 이름은 알 정도로 그녀는 한국뿐 아니라 세계적으로도 널리 알려진 발레리나다. 서양 예술의 대표인 발레 분야에서 동양인이라는 단점을 가진 강수진이 ㉠이만큼 성공하기까지 얼마나 많은 ㉮아픔이 있었을까?

(다) 이제 강수진은 발레리나들 중에 최고 어른이 됐다. 많은 발레리나들이 '제2의 강수진'을 꿈꾸며 외국행 비행기에 오른다. 강수진은 ㉡이들을 위해, 그리고 더 많은 팬들을 위해, 자신의 발레 인생을 담은 『당신의 발에 입 맞추고 싶습니다』라는 책을 냈다.

(라) 그러나 그녀가 다시 춤을 출 수 있었던 것은 그녀의 발 때문이다. 피카소의 그림처럼 이상하게 생긴 '세상에서 가장 못생긴 발'이 된 것은, 그녀가 한 해 신발을 250켤레나 사용할 만큼 무서운 연습벌레이기 때문이었다.
처음 발레를 할 때, 남들은 2~3주에 신을 신 네 켤레를 단 하루만에 갈아 신은 적도 있었다고 한다.

(마) 계속 포기하고 싶었던 유학 생활, 길고 긴 고통의 시간, 그리고 성공. 끊임없는 노력의 삶이 바로 강수진의 오늘을 만든 모든 것이었다.

전체 내용 이해하기

● 글의 내용과 맞으면 ○, 다르면 ×하십시오.

(1) 강수진의 직업은 화가이다. ································· (   )

(2) 강수진은 한국에서 유명한 발레리나이다. ················· (   )

(3) 강수진이라는 이름을 잘 모르는 사람이 많다. ············· (   )

(4) 강수진은 자신의 발레 인생을 그린 책을 썼다. ············ (   )

(5) 많은 발레리나들이 강수진과 같이 되기 위해 유학을 떠난다. ··· (   )

세부 내용 이해하기

1 글을 시간의 순서대로 바로 잡아 봅시다.

나 ➡ ⬚ ➡ ⬚ ➡ ⬚ ➡ ⬚

2 각 단락의 제목을 **보기** 에서 찾아봅시다.

> **보기**
>
> 수많은 연습   강수진의 시련   노력의 결과
>
> 세계적인 발레리나   자서전 출판

(가) :

(나) :

(다) :

(라) :

(마) :

3 강수진이 연습을 아주 많이 해서 생긴 별명을 찾아 쓰십시오.

4 강수진의 발이 세상에서 가장 못생긴 이유는 무엇 때문입니까?

5 글에서 밑줄 친 ㉠과 ㉡이 지시하는 말을 찾아 쓰십시오.

㉠

㉡

읽은 내용 확장하기

1 여러분의 좌절 경험을 이야기해 봅시다.

2 성공한 사람 중 여러분이 본받고 싶은 사람이 있으면 이야기해 봅시다.

어휘와 표현 익히기

1 앞글에서 ㉮의 단어 '아픔'과 같은 의미로 쓰인 단어를 글 속에서 찾아봅시다.

2 다음 보기 의 단어는 '강수진'이 성공하기까지 겪어나간 일들이다. 뜻을 생각해 보고, 성공을 위한 단어들을 더 찾아봅시다.

보기						
시련	극복	도전	고통	노력	연습	시련

생각해 보기

- 사람 셋이 모이면 그 중 한 명은 스승이다.
- 자신이 하는 일을 재미없어 하는 사람치고 성공하는 사람 못 봤다.

파리에 울린 한국의 소리

이상봉 씨는 한국의 패션계보다는 세계패션계에 더 알려진 인물이다. 그는 우리의 전통적인 무늬나 색채 뿐만 아니라 한글까지도 그의 의상에 넣어 표현함으로써 한국을 알리는 패션디자이너로 유명하다.

특히 파리 루브르에서의 패션쇼는 매우 인상적이었다. 이상봉 씨는 배경 음악을 준비하면서 ㉠예전과 다른 시도를 해 보았다. 쇼 음악을 맡은 프랑스 라디오 방송의 음악 담당팀과 한국의 전통 음악 단체인 '들소리' 가 함께 연주를 하도록 했다.

'들소리' 는 파리 패션쇼가 있기 며칠 전 영국 런던에서 이미 공연을 하였고, 파리쇼와의 협연을 위해 엄청난 크기의 북과 거문고 등의 악기들을 몇 톤짜리 차에 실어서 배를 타고 영국에서 프랑스까지 왔다.

쇼가 있기 전 공연장에서 서양의 음악과 한국 전통의 악기가 함께 음을 맞추는 과정은 _____㉡_____. 전혀 다른 두 음악이 만나 하나로 어울려야 했기 때문이다. 담당자와 여러 번의 연습을 거친 후에 마침내 서양의

악기 소리와 한국의 북, 장구, 거문고, 창 등의 소리가 조화를 이루었다. 이상봉 씨는 서로 다른 두 음악의 만남이야말로 서양의 기성복에 한국을 상징하는 한글무늬를 넣은 작품과 성격이 맞다고 생각했던 것이다.

그러나 파리의 쇼 담당자들은 이러한 음악적인 시도에 대해 쇼에 오르기 전까지도 걱정을 했다. "당신은 왜 파리 같은 세계적인 무대에서 옷을 선보이면서 한국을 가져오는가?"라는 질문을 하기도 했다. 그때 그는, "한국은 나의 뿌리이고 내가 숨 쉬는 곳이다. 아직 알려지지 않은 한국의 아름다움을 모두에게 보여주고 싶다."라고 대답했다.

쇼가 끝난 후 아낌없는 박수 갈채와 칭찬이 쏟아져 나왔다. 아마도 '들소리'의 북소리, 거문고의 연주와 한국의 창이 루브르 박물관을 울릴 때 관객들도 모두 감탄하였을 것이다. <u>ⓒ   </u> 이번 패션쇼가 무엇을 말하고자 했는지도 이해할 수 있었을 것이다.

 이상봉: 한글을 무늬로 넣어 의상을 제작하여, 한글을 세계 속에서 널리 알릴뿐만 아니라, 한국패션의 영역을 세계로 넓히고 있다.

● 전체 내용 이해하기

○ 글의 내용과 <u>같은</u> 것을 고르십시오. ·····················(   )

① 이상봉 씨의 파리 패션쇼는 성공적이었다.

② 이상봉 씨의 파리 패션쇼는 이전에도 시도해 본 적이 있다.

③ 파리의 쇼 담당자들은 처음부터 이상봉의 음악적 시도를 환영했다.

④ '들소리'는 영국 런던에서 이미 이상봉 씨와 패션쇼를 함께 한 적이 있다.

1 이상봉 씨의 직업은 무엇일까요?

2 '들소리'는 어떤 단체입니까?

3 이상봉 씨는 프랑스 파리에서 열리는 패션쇼에 왜 한국전통음악을 가져왔습니까? ……………………………………………………………… (   )
① 한국의 아름다움을 알리기 위해서
② 프랑스 파리와 잘 어울릴 것 같아서
③ 이상봉 씨의 국적이 한국이기 때문에
④ 외국인들이 한국을 신기해하기 때문에

4 다음 질문에 답해 보십시오.
(1) 밑줄 친 ㉠의 '예전과 다른 시도'는 구체적으로 무엇입니까?………… (   )
① 쇼의 중간에만 음악을 사용한다.
② 한국의 들소리가 쇼 중간에 등장한다.
③ 서양의 음악과 한국의 전통음악을 함께 사용한다.
④ 프랑스의 유명한 음악 담당자와 함께 음악을 준비한다.

(2) 글을 통해 볼 때, ㉡에 들어갈 알맞은 말은 어느 것일까요? ………… (   )
① 생각보다 쉬운 일이었다.
② 그렇게 쉬울 수가 없었다.
③ 그렇게 쉬운 일이 아니었다.
④ 그렇게 어려운 일이 아니었다.

(3) ⓒ에 들어갈 말로 적당한 것은 다음 중 어느 것일까요?·········· (   )

① 뿐만 아니라   ② 그러나

③ 반면에   ④ 그래서

5 이상봉 씨는 파리 패션쇼에서 무엇을 말하고자 한 것일까요?

6 다음은 앞글을 요약한 것이다. 다음 빈칸을 채워 글을 완성해 보십시오.

나는 이번 [   ]을/를 준비하면서 지금까지와는 좀 다른 시도를 해 보았다. 그것은 바로 [   ]이다. 전혀 다른 색깔의 동서양의 음악이 서로 조화를 이루는 것은 쉽지 않았다. 여러 번의 반복을 거치고 나서야 마침내 [   ]. 이렇게 내가 세계적인 무대에 한국적인 것을 가져오는 이유는, 한국은 바로 [   ]이고 내가 숨 쉬는 곳이기 때문이다. 나는 오늘 밤, 파리뿐만 아니라 전 세계에서 울릴 한국의 북소리를 생각한다.

읽은 내용 확장하기

○ 여러분의 나라 사람 중 세계에 이름을 날리고 있는 사람은 누구이며, 무엇을 한 사람인지를 찾은 후 발표해 봅시다.

이름	한 일

어휘와 표현 익히기

1 다음 문장을 잘 읽고 빈칸에 공통으로 들어갈 알맞은 단어를 **보기** 에서 찾아보십시오.

> **보기**
> 시도하다   어울리다   선보이다

(1) _____

• 빨간 색 티셔츠와 청바지가 아주 잘 ⬚ .

• 정원에는 꽃과 나무들이 ⬚ 봄기운을 더해가고 있었다.

• 그는 붙임성이 좋아서 어떤 사람과도 잘 ⬚ .

(2) _____

• 이번 대회는 모두에게 너의 실력을 [　　　　　] 수 있는 좋은 기회이다.

• 박람회에서 전 세계에 우리 회사 제품을 [　　　　　].

(3) _____

• 문제를 해결하기 위해 여러 번 [　　　　　] 보았으나 번번이 실패였다.

• 그는 몇 번이나 [　　　　　] 회장에 당선되었다.

• 이번 일은 [　　　　　] 것 자체가 무리였다.

2 　다음 표현을 넣어 짧은 글을 만들어 봅시다.

• ~야 말로 : _____

[1~3]

　　어느 날 소크라테스와 그의 제자들이 바닷가로 놀러갔다. 제자들은 열심히 헤엄을 치며 놀고 있었고, 스승인 소크라테스는 모래에 누워서 쉬고 있었다. 그런데 갑자기 한 사람이 달려와서 제자 한 명이 물에 빠졌다고 알려 주었다. 수영을 못하는 그 제자는 "살려주세요!"라는 말만 외치며 발버둥치고 있었다.

　　소크라테스는 그 제자에게로 다가가더니, 제자의 머리를 잡고 물에 더 깊이 넣는 것이었다. 당황한 제자는 살아야겠다는 마음으로 온힘을 다해서 헤엄쳐서 육지로 나왔다. 제자는 ㉠원망하는 눈초리로 스승을 바라보았다. 그러나 뒤늦게 스승이 준 ㉡가르침을 깨닫게 되었다.

1 밑줄 친 ㉠처럼 제자가 스승을 원망한 이유는 무엇일까요? ·············· (　　　)
① 스승이 자기를 구해 주지 않아서
② 스승이 바닷가로 제자들을 데려와서
③ 스승이 수영을 안 하고 쉬고 있어서
④ 스승이 아무 말도 하지 않고 구해 주어서

2 밑줄 친 ㉡과 같은 의미의 단어를 고르십시오. ························· (　　　)
① 교사　　　② 교훈　　　③ 교육　　　④ 교수

3 이 글에서 소크라테스가 제자에게 준 가르침은 무엇일까요? ············ (　　　)
① 바다에서 놀려면 헤엄을 배워라.
② 바다에서 함부로 헤엄을 치지 마라.
③ 스스로 어려운 일에서 벗어나려고 노력하라.
④ 어려운 사람이 있으면 모른 척 하지 말고 구해 주어라.

[4~5]

'안네의 일기'

1942년 6월 안네 프랑크는 14살 생일선물로 일기장을 선물 받았다. 그날부터 안네는 일기를 쓰기 시작했다. 안네는 유태인이라는 이유로 다락방에 숨어살다가 들켜 유태인 수용소에 가게 된다. 거기서 언니와 함께 살다가 장티푸스에 걸려 1945년 1월 죽음을 맞이한다. 안네는 힘든 수용소 생활 중에서도 죽는 순간까지 다른 사람을 도와주는 삶을 살았다. 안네가 쓴 일기는 어느 네덜란드인에게 발견되고, 그 후 가족 중 유일한 생존자인 안네의 아버지 손에 건네졌다. 그리고 세상에 알려지게 되었다. 16년의 짧은 삶을 산 안네는 일기를 통해 모든 사람들에게 진정한 인간애가 무엇인지 가르쳐 주고 있다. 안네의 일기는 1947년에 네덜란드어로 출판된 이후 각국어로 번역되어 세계적인 반응을 불러일으켰으며 미국 등 여러 나라에서 연극·영화화되었다.

4 안네 프랑크가 수용소에 가게 된 이유를 쓰십시오.

5 이 글의 내용과 다른 것을 고르십시오. ·· (   )
① 안네의 일기는 영화로도 만들어졌다.
② 가족 중 살아남은 사람은 안네의 아버지이다.
③ 최초의 '안네의 일기' 라는 책은 영어판으로 나왔다.
④ 안네 프랑크는 14살 이전에는 일기를 쓰지 않았다.

어휘

☐ 입단하다	☐ 숨기다
☐ 옮기다	☐ 선보이다
☐ 시련	☐ 울리다
☐ 극복	☐ 빌리다
☐ 도전	
☐ 팬	
☐ 연습벌레	
☐ 협연	
☐ 엄청나다	
☐ 기성복	

한국의 지폐

세종대왕
용비어천가

일월오봉도

율곡 이이
오죽

오죽헌

퇴계 이황
매화

명륜당

제13과

생활필수품

1 휴대전화
2 인터넷
3 전화와 카메라

휴대전화

　휴대전화는 회사원이나 대학생뿐만 아니라, 주부나 초등학생들까지 사용하는 필수품이다. 이전에는 길을 걷다가 혼자 중얼거리거나 웃는 사람을 보고 깜짝 놀라기도 했다. 그러나 이제 우리는 이어폰을 귀에 꽂고 통화하고 있는 핸디족에 익숙해서 별로 놀라지 않는다.

　그런데 병원 같은 곳에서는 휴대전화의 전자파가 의료기기에 영향을 주기도 하고, 버스나 전철 안에서의 시끄러운 휴대전화 사용에 불쾌감을 느끼는 승객도 있다.

　하지만 상대방이 어디에 있든 연락할 수 있고, 사진도 찍을 수 있으며, 메일도 보낼 수 있다. 이러한 편리함 때문에 앞으로 휴대전화의 사용은 더욱 늘어날 것으로 본다.

* 핸디족(Handy族): 휴대전화를 즐겨 사용하는 사람들을 말한다.

　◦ 여러분이 가지고 있는 휴대전화의 장·단점을 이야기해 봅시다.

인터넷

최근 인터넷은 사람의 일상생활 속에서 없어서는 안 되는 친구가 되었다. 현대인에게 아주 중요한 역할을 하고 있는 인터넷은 여러 가지 장점과 단점이 있다.

먼저 인터넷을 통해 정보와 지식을 아주 빨리 얻을 수 있다. 자기 나라와 멀리 떨어진 곳에서 일어난 일을 알고 싶을 때나 어떤 자료를 찾고 싶을 때, 손가락만 살짝 움직이면 금방 검색할 수 있다. 그래서 〔 ㉮ 〕. 그리고 〔 ㉯ 〕. 인터넷 덕분에 우리는 직접 가게에 가지 않아도 여러 가지 물건을 살 수 있다. 물론 안 좋은 상품도 있지만 잘 고르면 가게에 있는 것보다 더 좋은 물건을 싸게 살 수도 있다.

또한 〔 ㉰ 〕. 인터넷으로 음악을 듣거나 영화를 보면서 혹은 친구와 채팅하면서 또는 재미있는 게임을 하면서 머리를 식히기도 한다.

그런데 〔 ㉱ 〕. 인터넷도 그렇다. 게임을 너무 많이 하면 중독이 되기도 하고, 건강을 해칠 수도 있다. 자신의 이름을 숨기고 함부로 말을 해서 다른 사람들에게 상처를 줄 수도 있다.

이처럼 인터넷은 많은 장점과 단점을 가지고 있다. 그런데 나쁜 영향을 걱정해서 인터넷을 사용하지 않는다면 많은 편리함을 포기해야 한다. 그렇기 때문에 나쁜 영향을 없애고 더욱 좋은 친구로 지낼 수 있도록 인터넷을 바르게 사용해야 하는 것이 무엇보다도 중요하다.

읽기 1

전체 내용 이해하기

● 다음 중 본문의 내용과 <u>다른</u> 것을 고르십시오. ………………………… (   )

① 인터넷은 장점도 많지만 단점도 많다.

② 인터넷이 있어서 쉽게 정보를 얻을 수 있다.

③ 인터넷 쇼핑몰에서 산 물건은 가게물건보다 더 비싸다.

④ 보이지 않는다고 함부로 인터넷에 글을 쓰면 남에게 상처를 준다.

세부 내용 이해하기

1 글에서 ㉮~㉰는 각 단락의 중심 문장이다. 중심 문장으로 적당한 것을 연결해 보십시오.

㉮ •

• ㉠ 인터넷은 우리 생활을 편리하게 해 준다.

㉯ •

• ㉡ 인터넷은 우리의 스트레스를 풀어주기도 한다.

㉰ •

• ㉢ 인터넷을 사용하면 풍부한 지식을 얻을 수 있다.

㉱ •

• ㉣ 친구라면 당연히 좋은 점도 있고 나쁜 점도 있을 것이다.

2 글에서 인터넷에서 물건을 살 때의 장점과 단점은 무엇이라 했습니까?

3 인터넷 게임을 많이 할 때의 단점을 모두 써 봅시다.

● 인터넷의 문제를 극복하기 위해서 해야 할 일을 생각해 봅시다.

어휘와 표현 익히기

● 다음은 인터넷과 관련 있는 단어들로 앞글에 나타나 있는 것이다. 이 외에 인터넷과 관련 있는 단어들을 찾아 더 적어봅시다.

검색, 채팅, 중독,

전화와 카메라

요즘 젊은이들 사이에서 필수품이 된 것은 휴대전화와 디지털 카메라이다. 하지만 이 두 기계의 역사는 생각보다 그리 길지 않다. 휴대전화의 모체라고 할 수 있는 전화기는 1876년 벨(A. G. Bell)에 의해 ⃞ ㉠ ⃞ 되었고, 카메라는 1837년 프랑스 화가 다게르(L. J. Daguerre)에 의해 ⃞ ㉠ ⃞ 되었다. 이 두 가지 모두 19세기에 태어난 위대한 ⃞ ㉠ ⃞ 품이다. 그 후로 이 두 기계는 인간의 삶을 편하게 해준다는 이유에서 빠른 속도로 발전해 왔다.

사람들은 남기고 싶은 순간이 있으면 가방 속에서 디지털 카메라를 꺼내어 사진이나 동영상을 찍고, 친구들을 기다릴 때는 핸드폰을 꺼내어 친구에게 문자 메시지를 보내거나 전화를 하고 게임을 하기도 하고 핸드폰으로 TV도 본다.

그렇지만 때로는 옛날의 불편함이 그리울 때도 있다. 사진을 찍을 때 요즘은 간단하게 찍어서 마음에 안 들면 지워버리지만, 과거 수동카메라를 쓰던 때에는 한 장 한 장을 조심스럽게 찍어야 했고, 필름을 다 쓰고 사진관에 맡겨 사진이 나올 때까지 며칠 동안 기다렸다.

요즘은 친구와 약속이 있을 때, 만약 늦을 것 같으면 휴대전화로 연락을 할 수도 있고, 쉽게 약속을 취소할 수도 있다. 그러나 가정용 전화기와 공중전화만 사용하던 때에는 약속을 어기는 것은 있을 수 없는 일이었으며, 친구가 올

때까지 한 시간이든 두 시간이든 약속을 지키기 위해서 기다려야 했다.

편리함을 주지만 한편으로는 사람들의 따뜻한 마음을 느끼지 못하게 해 버린 휴대전화. 편리함을 주지만 기념사진을 다시 보는 재미를 없애 버린 디지털카메라. 이 두 가지는 빠르고 편리하다는 　ⓛ　 도 있지만, 쉽게 만들고 쉽게 없앤다는 　ⓒ　 도 있다.

디지털 카메라와 휴대전화, 이 두 가지는 동전의 양면과도 같은 장점과 단점을 동시에 가진 현대 문명의 대표적인 발명품이라고 할 수 있다.

전체 내용 이해하기

● 글의 내용과 <u>다른</u> 것을 <u>모두</u> 고르십시오. ······························ (　　　)

① 휴대 전화는 TV도 보고 게임도 할 수 있어서 편리하다.

② 디지털 카메라는 사진이 나올 때까지 오래 기다려야 한다.

③ 디지털 카메라는 사진을 쉽게 만들고 쉽게 없애는 장점이 있다.

④ 일반전화보다 휴대 전화는 사람들의 마음을 더 따뜻하게 느낄 수 있다.

1 휴대전화와 디지털 카메라가 아주 **빠르게** 발전하고 있는 이유는 무엇입니까?

2 ㉠, ㉡, ㉢에 들어갈 알맞은 단어를 순서대로 쓰십시오.

㉠ :   ㉡ :   ㉢ :

3 다음의 빈칸을 채워 윗글을 요약해 봅시다.

요즘 일반적으로 사용하는 휴대전화는 [㉮]에서 발전한 형태이며, 디지털 카메라는 수동 카메라에서 발전한 형태이다.

디지털 카메라는 사진을 찍은 후 바로 확인할 수 있어서 마음에 들지 않으면 바로 지우고 다시 [㉯]. 그러나 수동 카메라는 필름을 넣어서 사진을 찍고 사진관에 맡기고 며칠이 지나야 내가 찍은 사진을 볼 수 있다.

휴대전화가 없을 때는 [㉰]에 늦지 않으려고 노력했으며, 연락을 할 수 없기 때문에 아무리 늦어도 약속장소에 꼭 나가야 했다. 그러나 이제는 쉽게 전화를 해서 약속 시간을 바꾸거나 취소할 수 있다.

디지털 카메라와 휴대전화는 [㉱]는 장점이 있는 반면에 쉽게 만들고 쉽게 없앤다는 단점을 가진 현대문명의 대표적인 발명품이다.

1 휴대전화가 불편할 때는 언제입니까?

2 휴대전화와 디지털 카메라 외에 현대인의 필수품에는 무엇이 있다고 생각하십니까?

생각해 보기

○ 지구는 우주에 있는 해운대의 모래 한 알이다.

읽기 2

어휘와 표현 익히기

1 다음 상반되는 뜻을 가진 단어를 서로 연결해 보십시오.

(1) 만들다 •　　　　　　　　　• 어기다

(2) 편리하다 •　　　　　　　　• 조심스럽게

(3) 지키다 •　　　　　　　　　• 불편하다

(4) 아무렇게 •　　　　　　　　• 없애다

2 다음 보기 의 어휘와 표현들을 관련 있는 곳에 넣어 보십시오.

보기				
필수품	동영상	문자 메시지	음성 메시지	필름
휴대	따뜻함		편리하다	빠르다
컴퓨터에 저장	인터넷이 가능	요금이 비싸다		영상통화가능
많은 사진 찍기		필름이 필요		지우기 쉽다

휴대폰	일반전화		디지털 카메라	수동카메라

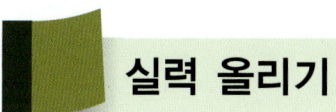 

[1~3]

　　유럽에서 전자제품을 구입한 소비자 2,000명을 대상으로 설문조사를 실시한 결과, 많은 외국인이 한국 상품을 구입하고 있는 것으로 나타났다. 한국 상품을 구입하는 이유를 묻는 질문에 응답자 중 35%가 품질이 좋기 때문이라고 답변했고, 28%는 가격이 싸기 때문이라고 답변했다. 그리고 회사의 이미지가 좋아서라고 답한 사람도 15%나 있었다. 이전과 달리 회사 이미지가 높아진 이유는 한국인 중에서 해외에서 이름을 날리는 예술인, 체육인이 늘어나고 있기 때문이다.

1 이 글은 어떤 종류의 글입니까? ┈┈┈┈┈┈┈┈┈┈┈┈┈┈┈┈┈ (　)
　① 대상을 묘사한 글
　② 예를 들어 설명한 글
　③ 조사내용을 분석한 글
　④ 논리적으로 주장한 글

2 이 글의 내용과 <u>다른</u> 것을 고르십시오. ┈┈┈┈┈┈┈┈┈┈┈┈┈ (　)
　① 한국 상품이 해외에서 인정을 받고 있다.
　② 앞으로 한국 상품의 가격이 좀 더 내려야 한다.
　③ 한국에서 해외로 진출하는 예술인, 체육인이 늘어나고 있다.
　④ 한국 상품이 잘 팔리는 이유 중 한 가지는 회사 이미지이다.

3 유럽인들이 한국 상품을 사는 가장 큰 이유는 무엇입니까?

[4~7]

'디지털치매' 라는 말이 있다. 이 말은 컴퓨터나 휴대폰과 같은 기계의 사용이 많은 젊은 세대에게서 두드러지게 나타나는 증상이다. ㉠이들은 휴대폰에 전화번호가 모두 저장되어 있으므로 외우고 있는 전화번호가 거의 없다. 즐겨 부르는 노래도 가사를 외우지 못한다. 왜냐하면 노래방에서는 자막이 나오므로 노래 가사를 외울 필요가 없기 때문이다. 이런 모습들은 우리 대학생들이 겪고 있는 디지털치매의 현주소를 알려 준다.

4   밑줄 친 ㉠이 지시하는 말을 이 글에서 찾아 쓰십시오.

5   이 글에서의 '치매' 에 해당하는 경우를 <u>모두</u> 고르십시오. ·······················(   )
① 휴대폰을 어디 두었는지 잘 모르겠다.
② 친한 친구의 전화번호가 생각나지 않는다.
③ 어제 백화점에 갔다가 지갑을 잃어버렸다.
④ 노래가사가 생각나지 않아 야유회에서 노래를 못했다.

6   젊은 세대들이 전화번호를 기억하지 못하는 이유는 무엇입니까?

7   젊은 세대들이 노래가사를 외우지 못하는 이유는 무엇입니까?

[8~10]

　　눈부신 과학기술의 발전은 우리에게 풍요롭고 편리한 삶을 가져다 주었다. 그러나 최근에는 이러한 과학기술의 발전을 (㉠) 목소리가 커지고 있다. 그들은 과학기술의 발전으로 우리가 얻은 것보다 잃은 것이 더 많다고 한다. 그뿐만 아니라, 지금까지와 같은 무절제한 발전이 앞으로도 멈추지 않는다면, 결국 인간이 만든 과학 문명에 의해 자연이 파괴될 것이라고 주장한다.

8 (㉠)에 들어갈 말로 적당하지 <u>않은</u> 것을 고르십시오. ·········· (　　)
① 걱정하는
② 우려하는
③ 반대하는
④ 두려워하는

9 과학발전이 우리에게 주는 영향이 <u>아닌</u> 것을 고르십시오. ·········· (　　)
① 과학의 발전으로 우리는 많은 것을 얻었다.
② 과학의 발전은 자연 보호에 도움을 줄 것이다.
③ 사람들은 과학이 빨리 발전하는 것을 걱정한다.
④ 과학의 발전은 결국 자연을 파괴하게 될 것이다.

10 글쓴이가 문제점으로 보고 있는 것을 글 속에서 찾아 쓰십시오.

[11]

> · 물 받아 세수하기
> · 양치질할 때 컵 사용하기
> · 회사 식당에서 먹을 만큼만 달라고 하기
> · 한 번 쓴 쇼핑 백 잘 접어두었다가 다시 쓰기
> · 키친타월 대신 행주 쓰기
> · 설거지할 때 기름기 없는 그릇은 물로만 헹구기
> · 사무실에서 종이컵 대신 머그잔 쓰기
> · 전자제품 사용하지 않을 때, 플러그 뽑아두기

11 이 글에 나타나 있지 <u>않은</u> 것을 고르십시오. ┈┈┈┈┈┈ (   )
① 물 절약하기   ② 재활용하기
③ 전기 절약   ④ 시간 절약

[12]

> 냉장고에 보관하면 더 안 좋은 식품이 있다. 감자나 고구마를 냉장고에 넣어두면 맛이 떨어지게 되고, 무와 바나나는 쉽게 변색된다. 마요네즈는 섭씨 9도 이하에선 분리되므로 너무 차가운 온도에 보관하면 좋지 않다. 남은 밥을 보관할 땐 냉장고 보단 냉동고가 낫다. 밥은 냉장보관하면 밥맛이 떨어질 뿐 아니라 오래 보존할 수 없다. 밥이 많이 남았을 땐 1회분씩 나누어 랩으로 싼 뒤 냉동고에 넣어두는 게 가장 좋다. 냉동된 밥을 다시 꺼내 먹을 때는 청주를 조금 뿌린 다음 전자레인지에 데워 먹으면 된다.

12 이 글의 내용과 <u>다른</u> 것을 고르십시오. ┈┈┈┈┈┈┈ (   )
① 무나 바나나는 냉장고에 오래 두지 말자.
② 감자나 고구마는 냉장고에 보관하지 말자.
③ 밥은 냉동고보다는 냉장고에 보관하는 것이 좋다.
④ 마요네즈는 냉장고에 보관하되 9% 이상을 유지하라.

어휘

☐ 필수품	☐ 중독
☐ 중얼거리다	☐ 해치다
☐ 별로	☐ 포기하다
☐ 전자파	☐ 모체
☐ 불쾌감	☐ 위대하다
☐ 정보	☐ 취소하다
☐ 검색하다	☐ 양면
☐ 식히다	☐ 발명품

〈검색하다〉

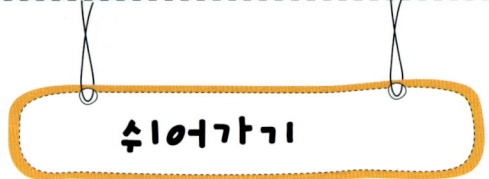

인터넷 용어

◆ **게시판** : 여러 사람에게 알릴 내용을 쓰는 곳

◆ **댓글(=리플)** : 인터넷 게시판에 다른 사람이 쓴 글을 읽고 대답으로 쓰는 글

◆ **악플** : 다른 사람이 올린 글에 대하여 나쁜 내용을 담아서 올린 댓글

◆ **다운로드** : 저장되어 있는 내용을 내려 받는 것

◆ **업로드** : 자신이 가지고 있는 자료를 인터넷상에 올리는 것

◆ **조회** : 게시판에 올라와 있는 내용을 보는 것

◆ **동호회** : 취미가 같은 사람들의 모임

◆ **가입** : 모임이나 단체에 들어감

◆ **탈퇴** : 모임이나 단체에서 나옴

◆ **아이디** : 인터넷에서 모임이나 단체에 가입하기 위해 사용하는 이름

◆ **클릭** : 마우스의 단추를 누름

◆ **검색** : 인터넷을 통해 내용이나 정보를 찾음

◆ **채팅** : 인터넷을 통해 다른 사람과 이야기를 나누는 것

◆ **동영상** : 컴퓨터 모니터의 화상이 텔레비전처럼 움직이는 것

◆ **UCC (User Created Contents)** : 개인이 직접 만든 영상이나 사진

제14과

영화와 드라마

1 타이타닉
2 한국 영화의 역사
3 드라마 속 직업

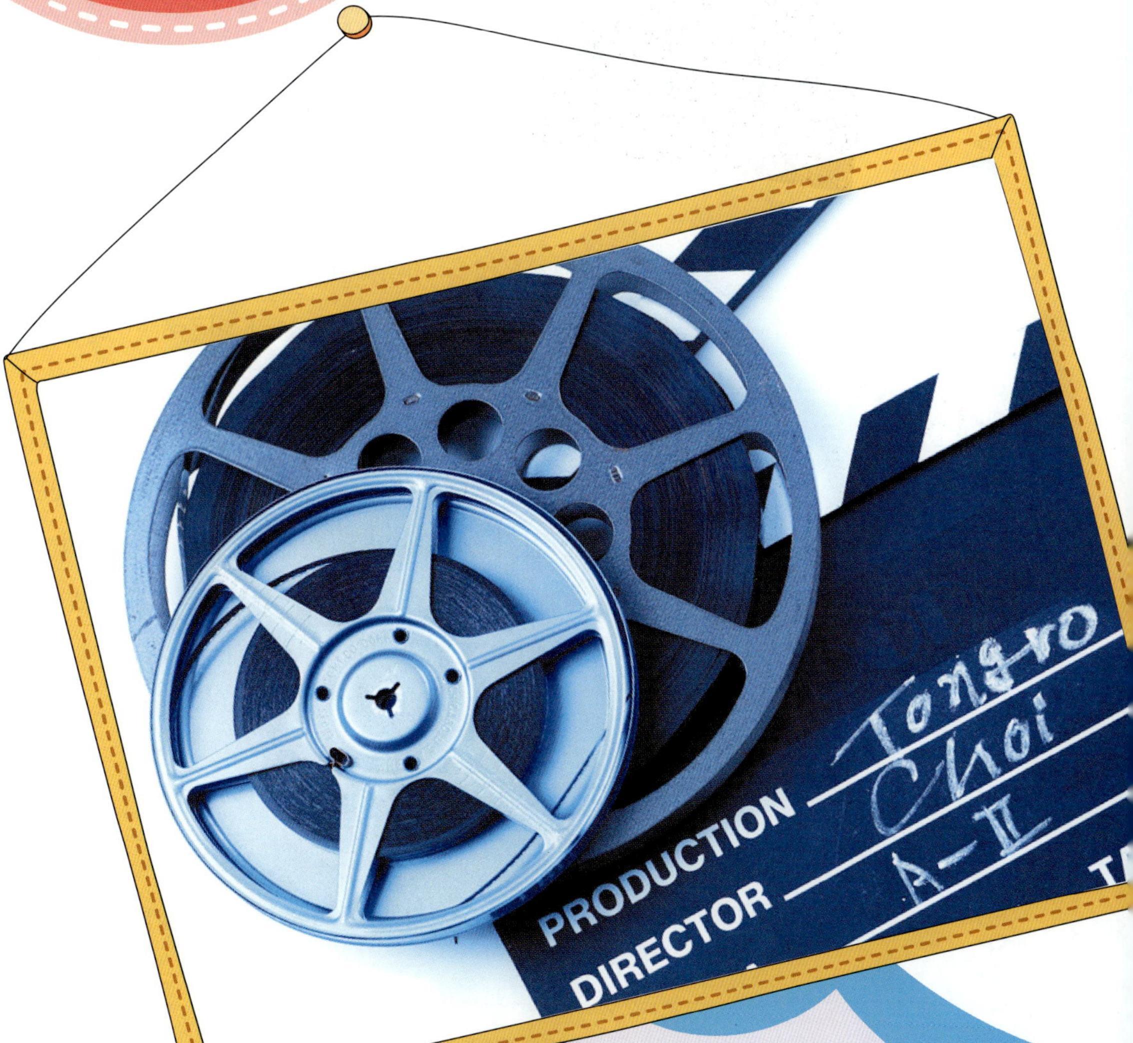

PRODUCTION
DIRECTOR

들어가기

타이타닉

여러분은 레오나르도 디카프리오와 케이트 윈슬렛 주연의 영화 '타이타닉'을 아십니까? 이 영화는 1911년 영국에서 만든 여객선인 타이타닉 호의 침몰 사건을 배경으로 한 영화입니다.

타이타닉 호는 1912년 4월 10일 낮 12시 영국의 사우샘프턴을 출발하여 뉴욕을 향하였습니다. 그리고 5일째인 4월 14일 23시 45분, 빙산에 부딪혔습니다. 처음에는 아무도 배가 침몰하는 것을 몰랐습니다. 그러나 배가 침몰하고 있는 것을 알게 되자 승객들은 너무 놀라 이런저런 일들이 벌어졌습니다.

구명보트가 부족했기 때문에 우선 여자와 어린이를 태웠습니다. 어떤 여자는 남편과 헤어지기 싫어서 보트에 타지 않기도 했습니다. 어떤 남자는 먼저 보트에 타고 싶어서 다른 사람들과 싸우기도 했습니다. 보트에 타지 못한 사람들은 기도를 하기도 했습니다. 악단은 마지막까지 연주를 멈추지 않았습니다.

● 영화 타이타닉처럼 실제 사건을 배경으로 한 영화에 관해 이야기해 봅시다.

한국 영화의 역사

한국에 처음으로 영화가 상영된 것은 언제였을까? 기록에 의하면 1899년 한국을 방문한 어느 미국인 여행가가 처음으로 영화를 상영하였다고 한다. 그러나 이 최초의 영화 상영은 한국의 왕과 일부 관리들을 위한 것이었다.

일반인의 영화 경험은 그보다 몇 년이 지난 뒤였다. 1903년, 신문에 어느 전기회사 창고에서 단편영화를 상영한다는 광고가 실렸다. 그러나 저녁 8시부터 10시까지 상영된 이 영화는 유럽이나 미국, 서울의 풍경을 찍은 단편 필름이었다. ㉠이 재미있는 구경거리에 매일 저녁 천여 명의 관객이 몰려들었다. 당시 서울의 인구가 20여만 명이었던 것을 생각하면 영화 관객의 수가 꽤 많았던 것을 짐작할 수 있다.

활동사진을 보러 오는 관객이 점점 늘어나면서 사람들은 외국의 필름만을 상영하기보다 한국에서 직접 영화를 만들어야겠다고 생각했다. ㉡이런 생각에서 한국 배우들이 출연하여 만들어진 영화가 1919년의 '의리의 구토' 라는 작품이다. 그러나 진정한 한국 영화의 최초는 1926년 9월에 발표된 나운규 감독, 나운규 주연의 〈아리랑〉이란 영화이다. 그런데 이때의 영화들은 흑백 무성영화였다. 무성영화는 단지 화면만 나올 뿐 소리가 나지 않는 영화였다. 한국에서 유성영화를 볼 수 있었던 것은 1935년에 상영된 〈춘향전〉에서이다. 하지만 이때까지도 영화는 여전히 흑백이었다. 홍성기 감독이 1949년에 만든 〈여성일기〉에 와서야 한국에서의 컬러영화 시대가 열리게 되었다.

외국인에 의해 처음 상영되기 시작했던 한국의 영화는 요즈음 상당히 발전하여 많은 장르의 영화가 만들어져 국내에서뿐 아니라 해외에까지 수출되고 있다.

전체 내용 이해하기

○ 글의 성격을 잘 나타낸 것을 고르십시오. ──────────── (   )

  ① 글쓴이의 주장을 쓴 글이다.

  ② 글쓴이의 경험과 느낌을 자유롭게 쓴 글이다.

  ③ 사실적이고 정확한 정보를 알려주려고 쓴 글이다.

  ④ 독자에게 흥미를 주려고 이야기를 꾸며 쓴 글이다.

○ 글의 내용과 <u>같은</u> 것을 고르십시오. ──────────── (   )

  ① 한국에서 최초로 상영된 영화는 한국인이 만든 것이다.

  ② 일반인을 위한 최초 영화 상영에 관객의 수는 극히 적었다.

  ③ 한국에서 만든 영화는 아직 해외로 수출하지 못하고 있다.

  ④ 한국에서 최초로 만든 영화는 소리가 없이 화면만 나왔다.

세부 내용 이해하기

1   글에서 '필름'과 같은 뜻으로 쓰인 말을 모두 찾아봅시다.

2   밑줄 친 ㉠의 '재미있는 구경거리'란 무엇을 말합니까?

3   밑줄 친 ㉡의 '이런 생각'이 가리키는 부분에 줄을 그어봅시다.

4 글 내용을 참조하여 한국의 영화 발달사를 만들어 봅시다.

1899년, 미국인에 의한 영화 상영

➡ 1903년

➡ 1919년

➡ 1926년

➡ 1935년

➡ 1949년

읽은 내용 확장하기

1 한국에서 무성영화를 상영할 때, 배우들의 대화를 어떻게 들을 수 있었는지 알아 봅시다.

2 영화와 드라마의 차이점을 얘기해 봅시다.

어휘와 표현 익히기

1 다음 단어의 반대어를 써 봅시다.

❶ 단편영화 ⟺

❷ 무성영화 ⟺

❸ 흑백영화 ⟺

2 다음 설명의 단어를 적어 봅시다.

- 영화를 보러 오는 사람 ➡

- 라디오를 듣는 사람 ➡

- TV를 보는 사람 ➡

- 물건을 사러 오는 사람 ➡

3 다음 표현을 가지고 문장을 하나씩 만들어 봅시다.

❶ ~에 의하면 / ~에 따르면

① _____

② _____

❷ ~에 의해 / ~에 따라

① _____

② _____

드라마 속 직업

최근 한국 드라마에서는 시청자들이 잘 모르는 낯선 직업들이 속속 등장하면서 드라마 속 주인공들의 직업에 대한 관심이 높아지고 있다.

2006년 6월~7월에 방영된 드라마 〈어느 멋진 날〉에서 여자 주인공의 직업은 '아쿠아리스트'이다. 아쿠아리스트는 아쿠아리움 등에서 수족관을 관리, 연구하는 사람을 말한다. 이들의 업무는 수족관에서 사는 생물이 건강하게 생활할 수 있도록 수족관을 관리하고 물고기의 먹이를 준비하는 일이다. 그리고 아쿠아리움에서 전시할 생물을 수입하는 일, 수족관 시설을 관리하는 일, 다양한 수중 행사 준비 등도 담당한다.

2005년 인기 드라마인 〈내 이름은 김삼순〉에서 여자 주인공의 직업은 '파티쉐'이다. 파티쉐는 케이크, 쿠키, 파이 등의 제과와 초콜릿, 아이스크림, 사탕 등을 만드는 사람이다. 이 드라마가 인기를 얻은 후 제과제빵 학원에서는 파티쉐 자격증에 대한 문의가 아주 많아졌다고 한다.

⬚ ㉠ ⬚ 2005년 6월~12월까지 방영된 드라마 〈슬픔이여 안녕〉에서 여자 주인공의 직업은 '미스터리 쇼퍼'이다. 미스터리 쇼퍼는 고객인 척해서 회

사 서비스를 체험하고 평가하는 직업으로 21세기 암행어사이다. ⟨ ㉡ ⟩ 500년 전 암행어사와는 달리 평가한 결과를 회사에 보고만 할 뿐 처벌을 할 수는 없다. 미스터리 쇼퍼는 특히 서비스가 중요한 음식점, 백화점, 대형할인 매장 등에서 많이 고용한다.

⟨ ㉢ ⟩ 드라마의 인기가 올라가는 만큼 드라마 속 인물들의 직업에 대한 관심도 함께 높아진다. 따라서 드라마를 만들 때, 각 직업들의 긍정적인 모습뿐만 아니라 그 직업이 가지고 있는 장단점의 특징을 있는 그대로 보여줄 필요도 있다.

🔍 **암행어사:** 옛날 지방을 다니면서 관리들이 일을 잘 하고 있는 지를 감시하여 왕에게 보고하는 사람.

전체 내용 이해하기

● 글의 내용과 <u>다른</u> 것을 찾으십시오. .... (　　　)

① 아쿠아리스트는 물고기와 관련성이 있는 직업이다.

② 사람들은 드라마 속의 생소한 직업에 관해 알고 싶어 한다.

③ 드라마 인기가 많으면 드라마 속 직업에 대한 궁금증도 커진다.

④ 미스터리 쇼퍼는 옛날 암행어사처럼 회사 서비스를 평가하고 처벌한다.

세부 내용 이해하기

1 다음 **보기** 중 ㉠, ㉡, ㉢에 들어갈 단어를 찾아봅시다.

보기

또한   그러므로   이처럼   반대로   그러나   예를 들면

㉠ _____   ㉡ _____   ㉢ _____

2 글쓴이의 주장을 한 문장으로 나타내 봅시다.

3 각 직업이 하는 일을 한 문장으로 써 봅시다.

직업	하는 일
아쿠아리스트	
파티쉐	
미스터리 쇼퍼	

읽은 내용 확장하기

- 영화나 드라마를 통해 여러분이 새롭게 알게 된 직업이 있으면 소개해 봅시다.

1 다음 문장을 잘 읽고 보기 에서 알맞은 단어를 찾아 고쳐 쓰십시오.

보기			
익숙하다	관리하다	체험하다	보고하다

(1) 직원들을 [   ] 때 가장 중요한 것은 사랑이다.

(2) 유학 생활의 어려움은 직접 [   ] 않고는 알 수 없다.

(3) 직장에서 생기는 문제는 무조건 담당자에게 [   ] 한다.

(4) 이 곳 생활이 아직 [   ] 않아서 실수가 많으니까 잘 부탁합니다.

2 다음 단어는 앞글에서 나오는 한국의 외래어이다. 이 외에 한국 사람들이 많이 사용하는 외래어를 찾아 써봅시다.

드라마 drama	아쿠아리스트 aquarist
아쿠아리움 aquarium	케이크 cake
쿠키 cookie	파이 pie
초콜릿 chocolate	아이스크림 ice cream
파티쉐 Patisserie	미스터리 쇼퍼 Mystery Shopper

[1~3]

> (가)기록에 의하면 1899년 한국을 방문한 어느 미국인 여행가가 처음으로 영화를 상영하였다고 한다. (나)일반인의 영화 경험은 그보다 몇 년이 지난 뒤였다. (다)그러나 이 최초의 영화 상영은 한국의 왕과 일부 관리들을 위한 것이었다. (라)한국에 처음으로 영화가 상영된 것은 언제였을까?

1 이 글의 순서로 올바른 것을 고르십시오. ─────────────── (   )
① (가)-(나)-(다)-(라)
② (나)-(가)-(다)-(라)
③ (다)-(가)-(라)-(나)
④ (라)-(가)-(다)-(나)

2 이 글 뒤에 나올 내용으로 적절한 것을 고르십시오. ───────── (   )
① 한국 영화의 종류　　　　② 최초의 한국 영화
③ 한국 영화의 역사　　　　④ 한국 최초의 배우

3 이 글의 내용과 같은 것을 고르십시오. ─────────────── (   )
① 한국에서는 처음부터 일반인을 상대로 영화를 상영하였다.
② 한국에서 최초로 영화가 상영된 연도는 기록으로 남아있다.
③ 한국에 처음으로 영화를 보여준 사람은 미국인 영화감독이었다.
④ 한국에서 최초로 상영된 영화는 왕족과 모든 관리가 볼 수 있었다.

[4~5]

<table>
<tr><td colspan="2" rowspan="2">여러분의
기분 좋은 선택</td><td colspan="4">해운대 더조은 영화관</td></tr>
</table>

여러분의 기분 좋은 선택	해운대 더조은 영화관			
	*조조 *심야			2010년 03월 13일(토) V
빠른예매	영화	상영관	상영시간	
● 상영시간표	⑫ 디어존	5관	18:50 23:40	
영화별시간표	⑮ 사랑은 언제나 진행 중	6관	17:50 20:30	
영화별시간표	⑮ 의형제	1관	13:20 15:20 17:20	
예매가이드	ⓐ 이상한 나라의 엘리스	7관	17:00 19:10 21:20 23:20	
할인카드안내	⑮ 평행이론	3관	21:30	
상품권안내	⑫ 하모니	2관	19:00 00:00	
관람가격안내	⑮ 사랑은 아무도 몰라	4관	17:50 20:30	
영화관람권등록	* 시간을 클릭하시면 바로 예매하실 수 있습니다.		관람가격 > 할인카드 >	

* 인터넷 매진시에도 현장에서는 티켓을 구매하실 수 있습니다.

4 이 인터넷 홈페이지로 알 수 <u>없는</u> 것을 고르십시오. ·········· (   )
① 영화를 볼 수 있는 나이
② 영화 관람을 위한 좌석 위치
③ 영화관 내에서의 각 영화 상영 장소
④ 이 영화관에서 상영하고 있는 영화 제목

5 이 인터넷 홈페이지의 안내 내용과 <u>다른</u> 것을 고르십시오. ·········· (   )
① 영화 관람 가격을 알 수 있다.
② 할인카드가 있으면 영화를 싸게 볼 수 있다.
③ 인터넷에서 영화표가 다 팔리면 영화를 볼 수 없다.
④ 인터넷으로 영화표를 사려면 영화 시간표를 클릭해야 한다.

어휘

□ 여객선	□ 흑백
□ 침몰	□ 무성영화
□ 빙산	□ 장르
□ 부딪히다	□ 낯설다
□ 벌어지다	□ 수족관
□ 구명보트	□ 전시하다
□ 악단	□ 자격증
□ 멈추다	□ 방영되다
□ 기록	□ 체험하다
□ 관리	□ 평가하다
□ 단편영화	□ 처벌
□ 풍경	□ 고용하다
□ 구경거리	
□ 몰려들다	
□ 짐작하다	〈악단〉
□ 활동사진	

영원히 살아있는 인간 '슈퍼맨'

'슈퍼맨' 시리즈 중 4편까지의 주인공은 미국의 영화배우 크리스토퍼 리브였다.

크리스토퍼 리브는 2000:1의 경쟁률을 뚫고 '슈퍼맨'의 주인공이 되었다. 단역의 첫 영화를 거친 후 4편의 '슈퍼맨' 시리즈에서 영웅의 역할을 완벽하게 소화해 내며 각광받았다. 그 후 다른 많은 영화에 출연하며 영화인으로서 삶을 살던 중 리브는 평소 취미로 즐기던 승마를 하다가 낙마 사고로 하반신 마비라는 시련을 겪게 된다.

하지만 하반신 전체를 쓸 수 없는 고통과 좌절을 이기고 리브는 다시 태어난다. 리브는 영화배우로서 열정적 삶을 살았던 때와 마찬가지로 자신처럼 장애를 가진 사람들의 인권을 위해 삶의 모든 에너지를 쏟았다. 이러한 리브의 활동은 자신이 배우 시절 받았던 것보다 더 값지고 위대한 명성을 가져 주었다.

리브는 자서전을 통해 "우리는 삶에 있어서 우리가 생각할 수 있는 것보다 훨씬 더 많은 것을 성취할 수 있다."는 메시지를 전달한다. 리브는 삶의 암흑기가 될 수 있었을 '장애'의 순간을 오히려 인생의 가장 빛나는 순간으로 승화시킨 것이다.

리브의 삶은 영화 속의 슈퍼맨이 아니라 실제의 슈퍼맨의 삶이었다. 영화를 위해 열심히 살고, 장애인이 되어서는 남을 위해 열심히 살다 간 리브는 많은 사람들 가슴 속에 영화 속에서나 실제 생활에서나 영원한 '슈퍼맨'으로 남아 있을 것이다.

제15과

안내와 광고

1 무슨 광고일까요?
2 길 따라 맛 따라
3 광고 카피

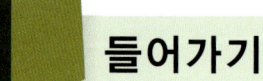

무슨 광고일까요?

1 우와~ 이런 절경이…!!

하지만…

2 꺄아~ 내 이상형!!

하지만…

3 헉…!! 고양이가 줄넘기를…?!!

요즘 너무 쪘어~

하지만…!!

4 지금 손에 [   ] 없다면 무효!

그저 남는건 사진뿐…

- 위 광고에서 [   ]에 들어갈 상품은 무엇일까요?

길 따라 맛 따라

남포동 냉면집

자갈치 역 반대편 다리 아래에 가면 "어서 오세요. 남포동 냉면 거리입니다."라는 간판이 보인다. 이곳은 20여 년 전부터 알려지기 시작한 유명한 세숫대야냉면 거리이다. 이 남포동 냉면거리에 오면 세 번 놀란다고 한다. 냉면집이 많아서 한 번 놀라고, 어마어마하게 큰 냉면

그릇에 또 놀라고, 마지막으로 계산하고 나오면서 싼 값에 놀란다고 한다. 물냉면, 비빔냉면은 모두 3,500원이다.

커피 박물관

이야기 속에 나올 만한 빨간 벽돌의 커피박물관은 지난해 8월에 개관하였다. 이 박물관은 한국에서 처음으로 세워진 커피박물관이다. 커피가 박물관이 된 것은 이 박물관 관장인 박종만 씨 때문이다. 그는 커피전문점을 하면서 커피를 마시는 사람들은 많은데 커피문화는 부족하다는 것을 느꼈다. 그래서 커피의 모든 것을 한 곳에서 보고, 배우고, 느끼고, 마실 수 있는 박물관을 만들게 되었다. 이 박물관은 총 다섯 개의 관으로 이루어져 있다.

제1관은 커피역사관으로 외국과 한국의 커피의 역사에 대해 소개하고 있다. 제2관은 커피유통관으로 여기서는 커피재배부터 수확, 수출, 수입, 시음까지 커

피유통의 모든 과정을 볼 수 있다. 제3관은 커피문화관인데 세계 각 나라의 커피 유물들이 전시되어 있을 뿐만 아니라 역사적인 인물들의 커피사랑에 대한 재미있는 이야기도 소개하고 있다. 한편 제4관인 미디어자료실에서는 커피에 대한 영상자료를 늘 상영하고 있으며 커피에 관한 책도 읽을 수 있다. 제5관인 커피재배실은 박물관 옥상에 만들어져 있는데, 이곳에 올라가면 커피나무가 자라는 모습과 또 커피가 만들어지는 모든 과정을 직접 볼 수 있다.

커피박물관은 1시간마다 입장할 수 있으며, 관람시간은 오전 10시 부터 오후 6시까지이다. 관람료는 성인 5,000원, 소인 3,000원이며, 월요일은 쉰다.

전체 내용 이해하기

- 글의 내용과 같으면 ○, 다르면 ✕하십시오.

(1) 커피박물관 옥상에는 커피나무가 있다.···················· (　　)
(2) 커피역사관에 가면 한국 커피의 역사만 알 수 있다.········ (　　)
(3) 남포동 냉면집은 유명해진 지 얼마되지 않았다.·········· (　　)
(4) 세숫대야 냉면은 모든 냉면의 가격이 같다.················ (　　)

세부 내용 이해하기

1 남포동 냉면 거리에 가면 '세 번 놀란다'의 이유는 무엇 때문입니까?

- 첫째 이유 :
- 둘째 이유 :
- 셋째 이유 :

2 박종만 씨가 커피 박물관을 만들게 된 이유를 글에서 찾아 쓰십시오.

3 다음을 알고 싶으면 커피박물관의 몇 관, 무슨 관으로 가야 합니까?

- 커피나무는 어떻게 생겼을까?

- 커피에 관한 책을 읽고 싶다.

- 한국에서 언제부터 커피를 마시기 시작했는가?

- 한국에서 먹고 있는 커피는 어느 나라 것이며, 어떻게 들어오는가?

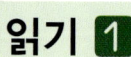

읽은 내용 확장하기

○ 여러분의 기억에 남는 광고는 어떤 것이었습니까? 얘기해 봅시다.

어휘와 표현 익히기

1 앞글을 참고하여 다음 [   ] 에 알맞은 단어를 넣어 보십시오.

(1) 커피박물관

커피의 모든 것을 한 곳에서 [   ] ➡ [   ] ➡ [   ] ➡

[   ] 수 있는 박물관.

(2) 커피유통관

커피재배 ➡ [   ] ➡ [   ] ➡ [   ] ➡

[   ] 까지 커피유통의 모든 과정을 볼 수 있는 곳.

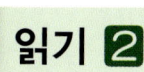 
가

"무럭무럭"

사람도 근본이 튼튼해야 건강하듯
풀무원 콩나물도 콩부터 좋은 것만
고르고 골라 건강하게 키웁니다.

근본이 튼튼해야 자라서도 건강한 건
사람이나 콩나물이나 마찬가지!
풀무원 콩나물은 콩 하나부터 심고 거두고 고르기까지
5개월간에 걸쳐 철저하게 관리한 콩만으로
건강하게 키웁니다.
풀무원 콩나물은 건강합니다.

바른 먹거리 Pulmuone

나

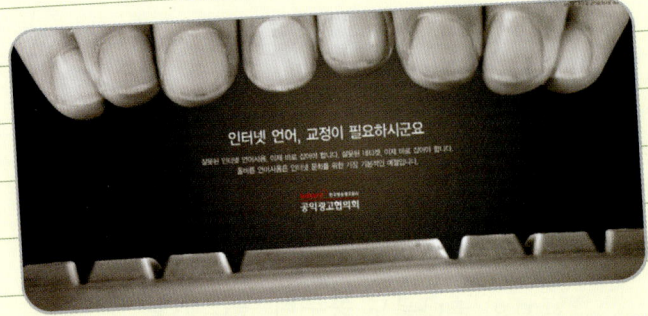

잘못된 인터넷 언어사용 이제 바로 잡아야 합니다.

잘못된 ⓐ네티켓 이제 바로 잡아야 합니다.

올바른 언어사용은, 인터넷 문화를 위한 가장 기본적인 예절입니다.

다

지구보다 더 살기 좋은 별은

이제까지 발견되지 않았습니다.

하나 뿐인 지구는 내 집처럼 보살피지

않으면 안 됩니다.

전철에서 신문 접는 시간 5초
현관문 열어주는 시간 8초
넘어진 자전거 일으켜주는 시간 17초
버스 타는 휠체어 돕는 시간 30초

세상을 아름답게 하는 시간
하루 1분이면 충분합니다.

전체 내용 이해하기

- 광고 가 ~ 라 중에서 상품광고를 고르십시오.

세부 내용 이해하기

1 **가** 의 광고문에서 '사람의 근본'에 해당하는 광고 내용은 무엇입니까?

┌──────────┐   ┌──────────┐
│   │ 의   │   │
└──────────┘   └──────────┘

2 ㉠네티켓의 뜻을 풀이해서 쓰십시오.

3 각 광고의 슬로건(slogan)을 '~자.' 형태로 만들어 봅시다.

광고	슬로건
가	
나	
다	
라	

읽은 내용 확장하기

● 다음 광고 그림과 광고 제목으로 재미있는 광고 글(카피)을 만들어 봅시다.

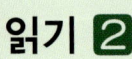

읽기 2

1 다음 단어들을 이용하여 문장을 하나 만들어 보십시오.

(1) 튼튼하다 (어린이) _____

(2) 철저하다 (시간) _____

(3) 바로 잡다 (습관) _____

2 다음 표현을 이용하여 주장하고 싶은 문장을 만들어 봅시다.

• '~ 해야 합니다.'

_____

_____

• '~하지 않으면 안 됩니다.'

_____

_____

실력 올리기

[1~2]

'풀잎이슬 녹차'

맑은 공기만을 마시는 산이 있습니다.
푸른 숲이 우거져 아름다운 산이 있습니다.
그 산이 새벽이슬만을 모아 대지에 뿌렸습니다.
깊고 그윽한 지리산 이슬을 담은 녹차
바로 풀잎이슬 녹차입니다.
풀잎이슬은 부드럽고 어린
녹차 순만을 사용합니다.

사람의 머리를 맑게 만들어 주는 녹차
사람의 몸을 따뜻하게 데워주는 녹차
바로 풀잎이슬 녹차입니다.

1 이 글은 어떤 종류의 글입니까? ⋯⋯⋯⋯⋯⋯⋯⋯⋯⋯⋯ (   )
① 생활 경험을 쓴 글
② 정보 전달을 위한 글
③ 물건을 팔기 위한 글
④ 글을 읽고 느낌을 쓴 글

2 이 글로 알 수 <u>없는</u> 것을 고르십시오. ⋯⋯⋯⋯⋯⋯⋯⋯ (   )
① 상품의 재료   ② 재료의 원산지
③ 상품의 효능   ④ 상품의 사용 방법

[3~4]

1 제가 이번 금요일부터 2박 3일 정도의 일정으로 친구들과 경주에 여행갈 생각입니다. 그래서 경주에서 숙박할 만한 곳, 추천 부탁드립니다. 분위기 좋으면서 조용한 곳이면 더욱 좋겠습니다. 또한 경주에서 유명한 맛집이 어디 있는지, 먹을거리가 뭔지도 알려주세요. 경주의 토속 음식을 꼭 먹어 보고 싶어요. 마지막으로 경주에서 구경할만한 곳도 가르쳐 주세요.

3 글 **1**은 어떤 목적으로 쓰인 글입니까? ┄┄┄┄┄┄┄┄┄┄ (   )
① 경주 가는 길을 알고 싶어서 쓴 글
② 경주의 문화에 대해서 알고 싶어서 쓴 글
③ 경주의 역사에 대해서 알고 싶어서 쓴 글
④ 경주에 관한 여행 정보를 얻고 싶어서 쓴 글

4 글 **1**에서 글쓴이가 알고 싶은 내용이 <u>아닌</u> 것을 고르십시오. ┄┄┄┄┄ (   )
① 숙박   ② 찻집   ③ 식당   ④ 유원지

[5~6]

2 경주에 가면 보문단지 내에 호텔과 콘도 등, 숙박시설이 많이 있어요. 그리고 보문단지 입구에는 음식점도 많이 있어, 먹고 싶은 것을 골라 드실 수 있답니다. 토속음식점도 많이 있어요.
요즈음 경주는 세계박람회를 하고 있고요, 새롭게 공원도 개장했어요. 경주는 천년의 신라 역사를 가진 고장인 만큼 볼거리는 당연히 많이 있죠. 경주월드로 가면 놀이기구도 있고, 보문호수 주변 산책로를 자전거로 돌아도 좋아요. 토함산은 해맞이를 할 수 있는 곳이고 석굴암도 유명해요. 두루두루 볼 것이 많은 곳이 경주랍니다.

5 글 **1**과 **2**는 어떤 관계의 글입니까? ······················· (   )

① **2**는 **1**을 보충하는 글

② **2**는 **1**의 글을 자세히 쓴 글

③ **2**는 **1**의 글에 답변을 쓴 글

④ **2**는 **1**의 주장에 반대하는 글

6 글 **1**에서 말하지 않았지만, **2**의 글쓴이가 친절하게 더 알려주고 있는 것은 무엇입니까? ······················· (   )

① 잘 곳   ② 먹을거리   ③ 놀 곳   ④ 볼거리

[7~8]

경주 구석구석 숨어 있는 맛있는 음식을 찾아라!

꼭 한번 가서 드셔 보세요.

경주의 문화재도 알고 경주의 맛도 알자!

노천 박물관이라 불릴 정도로 많은 문화재를 보유하고 있는 경주,

많은 문화재만큼이나 먹을거리도 많다는데……,

경주 맛 기행! 함께 떠나 보세요!

7 이 글과 관련 있는 속담을 어느 것입니까? ······················· (   )

① 누워서 떡 먹기   ② 금강산도 식후경

③ 우물 가서 숭늉 찾기   ④ 닭 잡아먹고 오리발 내밀기

8 이 글이 인터넷 글이라면 무엇을 더 제공하면 좋겠습니까? ······················· (   )

① 맛집 지도   ② 문화재 지도

③ 박물관 지도   ④ 관광 도로 지도

□ 어마어마하다   □ 휠체어

□ 개관하다   □ 충분하다

□ 부족하다

□ 시음

□ 유통

□ 상영하다

□ 관람

□ 고르다

〈휠체어〉

기업광고

親 환경을 위한 이수화학의 꿈!
맑은 물은 더 맑게,
깨끗한 공기는 더 깨끗하게,
건강한 땅은 더 건강하게,
환경을 위한 이수화학의 꿈은
세대를 넘어 전해지고 있습니다.
삶에 풍요와 편리를 더해가는 이수화학~
환경이 살아 숨쉬는 아름다운 미래,
다음세대와 함께 누리겠습니다.

모범 답안

제1과 친 구

_읽기1 P12
〈전체 내용 이해하기〉 ②

〈세부 내용 이해하기〉
1. 글1 : 민수 / 글2 : 유강
2. 민수가 받은 도움: 맛있는 중국음식을 자주 해
　　　　　　　　　준 것
　　유강이 받은 도움: 잘 모르는 한국어를 가르쳐
　　　　　　　　　준 것, 기숙사 방을 깨끗이
　　　　　　　　　청소해 준 것
3. 유강이 청소나 정리를 잘 하지 않았기
4. 부족한 부분을 도와주는 친구가 되었다.

〈어휘와 표현 익히기〉
1. 다른 2. 아무리 3. 말다툼 4. 덕분에
5. 부러워

_읽기2 P16
〈전체 내용 이해하기〉 (1) ✕ (2) ○ (3) ○ (4) ✕

〈세부 내용 이해하기〉
1. 대학, 전공, 결정
2. 나 : 덜렁댄다, 은정: 차분하다
3. 부산에 있는 대학에 대한 이야기
4. 대학과 전공
5. 은정이가 웃으며 내 옆에서 양산을 흔들고 있
　　었다.
6. 목소리가 너무 커서
7. 부산으로 / 과자를 / 이야기를 했다 /
　　내 양산을 챙겨 주었다

〈어휘와 표현 익히기〉
1. (1) ②, (2) ④
2. (1) 다니다 (2) 챙기다 (3) 흔들다

_실력 올리기 P20
1. ② 2. ① 3. ③ 4. ① 5. ④ 6. ③

제2과 유 학 생 활

_읽기1 P28
〈전체 내용 이해하기〉 ④

〈세부 내용 이해하기〉
1. 한국의 생활습관이나 문화를 몰라서
2. (1) 넣고 빼지 (2) 노약자석
3. 노약자석이기 때문
4. (1) 노약자석이라서 자리가 비어도 잘 앉지않음
　　(2) 나이가 많은 노인들이나 몸이 불편한 분들
　　　이 앉는 자리
　　(4) 창피해서
　　(5) 노약자석

〈어휘와 표현 익히기〉
　　(1) 궁금하다 (2) 창피하다 (3) 당황하다

_읽기2 P32
〈전체 내용 이해하기〉 ④

〈세부 내용 이해하기〉
1. 경제 발전
2. 서울 〉 부산 〉 경남
3. 느릿느릿
4. 빨리빨리 습관
5. 미얀마는 빨리빨리 문화가 필요하다.
6. ⑤

〈어휘와 표현 익히기〉
(1) 빠르다 (2) 급해서
(3) 바쁘니까 / 바쁘기 때문에 (4) 급히

_실력 올리기 P35
1. ② 2. ④ 3. ④ 4. ② 5. ③

제3과 생 일

_읽기1 P45
〈전체 내용 이해하기〉 ③, ④

〈세부 내용 이해하기〉
1. 생일, 화이트 데이

2. (1) 철민이, 글쓴이/나 (2) ④
   (3) 케이크가 자기 책상 위에 있어서

_읽기2 P48
〈전체 내용 이해하기〉 (1) ○ (2) ○ (3) × (4) ×
〈세부 내용 이해하기〉
1. 백일잔치, 돌잔치, 환갑잔치
2. ○ 부모, 자녀
   ○ 자녀, 부모
3. ○ 아기는 면역성이 약하기 / 사람들이 함부로
     들어오지 않게 하기 위한 것이다.
   ○ 이름은 귀한 것이라 이름을 함부로 부르지
     않으면 아기가 건강하게 자란다고 생각했기
     때문이다.
4. 장수, 부자, 학자
5. 금줄치기, 백일잔치, 별명짓기
〈어휘와 표현 익히기〉
1. (1) 짓다 (2) 맞다 (3) 치다

_실력 올리기 P51
1. ③ 2. 라 → 다 → 가 → 나
3. ③ 4. ③

제4과 취 미

_읽기1 P58
〈전체 내용 이해하기〉 ②
〈세부 내용 이해하기〉
1. ○ 염색한 머리에 목걸이를 한 것
   ○ 마술을 하는 것
2. 하얀 가운을 입고 있으며 단정한 차림의 좀처
   럼 웃지 않는 얼굴
3. 자기가 하고 싶은 걸 하고 사
4. 치과에 오는 아이들이 무서워하지 않고 치료
   받는 일 / 치과 의사 자신이 즐겁고 행복한 일
5. ③
〈어휘와 표현 익히기〉
1. (1) 다르다 (2) 공짜로 (3) 순식간에
   (4) 좀처럼 (5) 바로 (6) 잠시 (7) 좀

_읽기2 P61
〈전체 내용 이해하기〉 ③, ⑤
〈세부 내용 이해하기〉
1. 부모님, 일본
2. 자신의 배낭여행을 위해, 배낭여행을 가는 친
   구들을 위해
3. 여행사, 여행, 할 수 있다
4. 글쓴이, 가장 좋아하는 일
5. 여행도 자주 하고 돈도 벌 수 있는 일
6. (가) – ㉡ (나) – ㉤ (다) – ㉢
   (라) – ㉠ (마) – ㉣ (바) – ㉥
〈어휘와 표현 익히기〉
○ 도착했다 ○ 정보 ○ 운영
○ 중소기업 ○ 무조건

_실력 올리기 P64
1. 디지털 카메라 2. ③ 3. ② 4. ③
5. ③ 6. 왜 산에 가느냐
7. (가) 취미생활은 몸과 마음을 건강하게 하고, 좋
       은 인관계를 맺게 한다.
   (나) 취미활동을 하다 보면 그것이 하나의 직업
       이 될 수도 있다.
8. ③
9. ③

제5과 축 제

_읽기1 P72
〈전체 내용 이해하기〉 (1) × (2) ○ (3) × (4) ○
〈세부 내용 이해하기〉
1. 충남 보령
2. 7월 15일 ~ 7월 21일
3. 머드음악회, 머드왕 선발대회, 보령 가요제 등
4. (1) 박성선 (2) 박일순 (3) 임동국
   (4) 임동국 (5) 박일순
〈어휘와 표현 익히기〉
1. (1) 풍부한 (2) 알렸다
   (3) 바르면 (4) 보들보들해져요
_읽기2 P76
〈전체 내용 이해하기〉

(1) × (2) × (3) ○ (4) ○ (5) ×

〈세부 내용 이해하기〉
1. 학생회관 앞 분수광장 – 떡볶이를 사 먹음,
   학교 운동장 – 우유 마시기 대회 참가,
   기숙사 – 우유 마시기 대회에서 상품 탄 이야
   기를 함
2. ②
3. ①
4. 대학축제에서는 다양한 음식을 많이 먹어 볼
   수 있는 재미가 있다.

〈어휘와 표현 익히기〉
(1)서툴러 (2)익숙해 (3)낯선, 능숙하게

_실력 올리기 P79
1. 불꽃놀이, 벚꽃 아가씨 선발대회, 진해 대학 가
   요제, 길거리 공연
2. 통돼지 바비큐, 떡볶이, 김밥, 꼬치, 아이스크림
3. ①   4. ②   5. ①

제6과 기 념 일

_읽기1 P86
〈전체 내용 이해하기〉 ①

〈세부 내용 이해하기〉
1. 가정의 달
2. 소비의 달
3. ㉠ – 어린이날 – 5월5일
   ㉡ – 어버이날 – 5월8일
   ㉢ – 스승의 날 – 5월15일
   ㉣ – 성년의 날 – 5월 셋째 월요일
4. 아이들이 건강하게 자라기를 바라는 마음 때
   문에
5. 한국 민족, 스승
6. 개인주의 때문에 가족 간의 관계가 점점 멀어
   지는 것

_읽기2 P89
〈전체 내용 이해하기〉 ②
〈세부 내용 이해하기〉

---

1. 한반도에 처음 나라를 세운 것을 기념하는 날
2. 해가 일찍 뜨는 조용한 아침의 나라
3. 고조선–고 ‘(古)’ 는 옛날이라는 뜻으로 고려 다음
   의 국가인 ‘조선’ 과 구별하기 위해서
   단군조선–단군이 세운 ‘조선’ 이기 때문에
4. 사람이 되고 싶다.
5. 백일 동안 동굴 속에 살며 햇빛을 보지 않고
   쑥과 마늘을 먹는 것
6. 환웅과 웅녀
7. ①
8. 웅녀,단군
9. 인내
10. 곰–인내심이 있음,
    호랑이–인내심이 없고, 성격이 급함

〈어휘와 표현 익히기〉
1. (1) 세울 (2) 견디면 (3) 다스릴

_실력 올리기 P93
1. ②   2. 부부의 날   3. ④
4. 스승의 날   5. 임연아

제7과 심 리

_읽기1 P100
〈전체 내용 이해하기〉 ③

〈세부 내용 이해하기〉
1. ㉠ 간절히 바라는 일은 이루어진다.
   ㉡ 꼭 나을 것이라는 믿음을 가지고 치료하면
   약의 효능과 상관없이 병이 낫는다.
2. (1) 플 (2) 피 (3) 플

_읽기2 P103
〈전체 내용 이해하기〉 ④
〈세부 내용 이해하기〉
2. 45년 째
3. 집안일 하기, 할머니 운동시키기, 밥 먹이기,
   목욕시키기

〈어휘와 표현 익히기〉
1. (1) 고여 (2) 털어놓고 (3) 나누면

(4) 조심스럽게　(5) 깔끔해서　(6) 죄스럽게

(7) 꼼꼼한

_실력 올리기 105

1. ①　2. ③　3. ④　4. ①　5. ③

6. (가) 긍정적 사고 (나) 인간 관계 7. ②

제8과　기 후

_읽기1 P114

〈전체 내용 이해하기〉①

〈세부 내용 이해하기〉

1. 알래스카

2. 일 년 내내 쌓여 있는 눈

3. (1) 북극곰의 체형이 작아짐

(2) 북극곰의 수가 줄어 듦

4. 미국 지질학회 → 빙산이 녹음 → 빙산이 없어짐

5. 북극곰을 보호

〈어휘와 표현 익히기〉

1. (1) 체형　(2) 체격　(3) 덩치

2. (2) 높아지다 ↔ 낮아지다

(3) 적어지다 ↔ 많아지다

(4) 커지다 ↔ 작아지다

(5) 생기다 ↔ 없어지다

_읽기2 P118

〈전체 내용 이해하기〉①

〈세부 내용 이해하기〉

1. (1) 오로라, 백곰, 이글루, 백야, 양극지방

(2) 많은 눈, 산림, 통나무 집

(3) 밀림, 강한 햇빛, 물 위 집

(4) 사막, 모래바람, 초원, 선인장, 오아시스

2. 아일랜드

3. ③

4. 날씨가 매우 덥기

5. 선인장

6. 각자에게 주어진 자연환경

〈어휘와 표현 익히기〉

1. (1) 기온 – 높다 / 낮다　(2) 습도 – 높다 / 낮다

(3) 햇볕 – 강하다 / 약하다

(4) 증발량 – 많다 / 적다　(5) 일교차 – 크다 / 작다

2. (1) 유지하다　(2) 강하다　(3) 다르다

(4) 덮이다　(5) 심하다

_실력 올리기 P122

1. ㉠ 날씨가 맑은 ㉡ 비가 오는　2. ④

3. ①　4. 지구온난화

제9과　옛 날 이 야 기

_읽기1 P131

〈전체 내용 이해하기〉①

〈세부 내용 이해하기〉

1. 두 형제는 사이좋게 살았다.

2. 착한 사람은 복을 받고 악한 사람은 벌을 받는다.

3. 복, 벌

4. 흥부가 제비다리를 고쳐주었다 → 흥부는 부자가 되었다 → 형 놀부가 제비 다리를 부러뜨렸다 → 박에서 도깨비가 나타나 놀부의 재산을 모두 빼앗아 갔다

〈어휘와 표현 익히기〉

1. 유산, 선량, 치료, 회복, 욕심, 관대, 우애

2. ③

_읽기2 P135

〈전체 내용 이해하기〉(1) ×　(2) ×　(3) ○　(4) ○

〈세부 내용 이해하기〉

1. 농부를 잡아먹지 않겠다는 약속

2. 사람들이 소나무를 땔감으로 사용했기 때문

3. (1) 소에게 밤낮으로 일을 시키

(2) 가죽으로 사용하, 먹

4. 은혜

5. (1) ②　(2) ③

〈어휘와 표현 익히기〉

1. 호랑이 – 아둔하다, 비겁하다

농부 – 착하다

토끼 – 지혜롭다, 똑똑하다

제10과 운 동 과 건 강

_읽기1 P146

〈전체 내용 이해하기〉①, ③, ⑤

〈세부 내용 이해하기〉

1. (가) – ㉣
   (나) – ㉮
   (다) – ㉱
   (라) – ㉤
   (마) – ㉠
   (바) – ㉢

3. 점심 때 배가 부르도록 많이 먹게 되어 비만의 원인이 된다.

4. 밤 12시 전에

_읽기2 P150

〈전체 내용 이해하기〉(1) ○　(2) ○　(3) ○　(4) ×

〈세부 내용 이해하기〉

1. 건강과 질병은 모두 마음으로부터 만들어진다.

2. 삶을 사랑하는 자세

3. 친절함과 손맛

4. ㉮ – 제과점 사장　㉯ – 대기업 말단 직원
   ㉰ – 건설회사 대표 아들

5. ㉠ – 자기가 만든 빵을 고아원에 보내 주는 일을 하는 그
   ㉡ – 자신의 삶을 바라보는 눈

〈어휘와 표현 익히기〉

3. (1)능동적인 삶　(2)평범

_실력 올리기 P155

1. 1) 뱀 자세 2) 물고기 자세 3) 활 자세 4) 나무 자세

2. ②　3. ③　4. ③　5. ④　6. 5 a day

7. 섬유질　8. ③　9. ②　10. ②

제11과 음 식

_읽기1 P164

〈전체 내용 이해하기〉③

〈세부 내용 이해하기〉

1. 유래

2. 까마귀의 은혜, 보답

3. ㉠ – 신하와 왕비　㉡ – 왕

4. 까마귀가 왕의 목숨을 구해 준 일

_읽기2 P168

〈전체 내용 이해하기〉③ / ①

〈세부 내용 이해하기〉

1. 궁합이 안 맞는 음식을 먹기 때문

2. 시금치와 비타민C 식품, 스테이크와 야채

3. 토마토와 설탕, 무와 오이

4. ㉮ 현대인들에게 관심 받고 있는 것은 음식궁합
   ㉯ 궁합이 좋은 음식
   ㉰ 궁합이 나쁜 음식
   ㉱ 서양의 음식 궁합
   ㉲ 웰빙의 첫 걸음인 음식 궁합

〈어휘와 표현 익히기〉

1. (1) 소화　(2) 섭취　(3) 노화
   (4) 촉진　(5) 소화력　(6) 성인병

2. (1) 느끼하다　(2) 새콤하다　(3) 순하다
   (4) 달콤하다　(5) 진하다

_실력 올리기 P173

1. ③　2. ②　3. ④　4. ④

5. ㉠ 눈 ㉡ 혀

6. ①,③,④,⑧　7. ④　8. 참기름

제12과 인 물

_읽기1 P182

〈전체 내용 이해하기〉(1) ×　(2) ×　(3) ×
　　　　　　　　　　　　(4) ○　(5) ○

〈세부 내용 이해하기〉

1. 나 → 가 → 라 → 다 → 마

2. 가 – 강수진의 시련

  나 – 세계적인 발레리나

  다 – 자서전 출판

  라 – 수많은 연습

  마 – 노력의 결과

3. 연습벌레

4. 연습을 많이 해서 발에 상처가 많이 났기 때문에

5. ㉠ – 세계적으로 널리 알려질 만큼

  ㉡ – 제2의 강수진을 꿈꾸는 발레리나들

〈어휘와 표현 익히기〉

1. 고통

_읽기2 P186

〈전체 내용 이해하기〉 ①

〈세부 내용 이해하기〉

1. 패션디자이너

2. 한국의 전통 음악 단체

3. ①

4. (1) ③ (2) ③ (3) ①

5. 한국의 아름다움을 보여주고 싶어 함

6. (1) 패션쇼

  (2) 동양과 서양 음악의 조화

  (3) 성공적인 조화를 이루게 되었다.

  (4) 나의 뿌리

〈어휘와 표현 익히기〉

1. (1) 어울리다 (2) 선보이다 (3) 시도하다

_실력 올리기 P191

1. ① 2. ② 3. ③ 4. 유태인이기 때문에

5. ③

제13과 생활필수품

_읽기1 P198

〈전체 내용 이해하기〉 ③

〈세부 내용 이해하기〉

1. ㉮ – ㉢

  ㉯ – ㉠

  ㉰ – ㉡

  ㉱ – ㉣

2. 장점 – 직접 가게에 가지 않아도 여러 가지 물건을 살 수 있다. /가게보다 더 좋은 물건을 싸게 살 수 있다.

  단점 – 안 좋은 상품을 알 수 없다.

3. 건강을 해친다, 다른 사람들에게 상처를 준다, 게임중독이 된다.

_읽기2 P201

〈전체 내용 이해하기〉 ②, ④

〈세부 내용 이해하기〉

1. 인간의 삶을 편리하게 해 주기 때문에

2. ㉠ 발명 ㉡ 장점 ㉢ 단점

3. ㉮ 유선전화 ㉯ 찍을 수 있다 ㉰ 약속 시간

  ㉱ 빠르고 편리하다

〈어휘와 표현 익히기〉

1. (1) 만들다 ↔ 없애다

  (2) 편리하다 ↔ 불편하다

  (3) 지키다 ↔ 어기다

  (4) 아무렇게 ↔ 조심스럽게

2.

휴대폰	일반전화
동영상 문자메세지 휴대 인터넷이 가능 요금이 비싸다 영상통화가능	음성 메시지 따뜻함

디지털카메라	수동카메라
동영상 편리하다 빠르다 컴퓨터 저장 인터넷이 가능 많은 사진 찍기 지우기 쉽다	필름이 필요

_실력 올리기 P205

1. ③ 2. ②

3. 해외에서 이름을 날리는 예술인, 체육인이 늘어나고 있기 때문에

4. 젊은세대　5. ②,④
6. 휴대폰에 전화번호가 모두 저장되어 있기 때문에
7. 자막이 나오기 때문에　8. ③　9. ②
10. 과학문명으로 자연이 파괴되는 것
11. ④　12. ③

제14과　영 화 와 드 라 마

_읽기1 P214
〈전체 내용 이해하기〉③ / ④

〈세부 내용 이해하기〉
1. 활동사진, 영화
2. 유럽·미국·서울의 풍경을 찍은 단편 필름
3. 한국에서 직접 영화를 만들어야겠다는 생각
4. → 1903년, 단편영화 상영
　　→ 1919년, 한국 배우들이 출연해 만든 영화
　　　'의리의 구토' 상영
　　→ 1926년, 흑백무성영화 '아리랑' 상영
　　→ 1935년, 한국최초의 유성영화 '춘향전' 상영
　　→ 1949년, 컬러영화 '여성일기' 상영

〈어휘와 표현 익히기〉
1. (1) 장편영화　(2) 유성영화　(3) 컬러영화
2. 관객, 청취자, 시청자, 소비자

_읽기2 P218
〈전체 내용 이해하기〉④

〈세부 내용 이해하기〉
1. ㉠ 또한　㉡ 그러나　㉢ 이처럼
2. 드라마에 나오는 직업의 장단점을 있는 그대로
　보여 주자.
3. 아쿠아리스트–수족관을 관리하고 물고기의먹
　　　　　이를 준비하는 일을 한다.
　파티쉐–제과와 초콜릿, 아이스크림, 사탕 등을
　　　　　만든다.
　미스터리 쇼퍼–고객인 척해서 회사서비스를
　　　　　체험하고 평가한다.

〈어휘와 표현 익히기〉
1. (1) 관리할　(2) 체험하지
　(3) 보고해야　(4) 익숙하지

_실력 올리기 P221
1. ④ 2. ③ 3. ② 4. ② 5. ③

제15과　안 내 와 광 고

_읽기1 P228
〈내용 전체 이해하기〉(1)〇 (2)× (3)× (4)〇

〈세부 내용 이해하기〉
1. 냉면집이 많아서, 큰 냉면 그릇, 싼 값
2. 커피문화가 부족해서
3. 제5관 커피재배실
　　제4관 미디어자료실
　　제1관 커피역사관
　　제2관 커피유통관

〈어휘와 표현 익히기〉
1. (1) 보고 → 배우고 → 느끼고 → 마실
　(2) 수확 → 수출 → 수입 → 시음

_읽기2 P233
〈전체 내용 이해하기〉 가

〈세부 내용 이해하기〉
1. 풀무원 콩나물의 콩
2. 인터넷 예절
3. 가 – 건강하게 키운 풀무원 콩나물을 먹자.
　나 – 올바른 인터넷 언어를 사용하자
　다 – 지구를 가족처럼 돌보자
　라 – 이웃에게 사랑을 나누어 주자

_실력 올리기 P237
1. ③　2. ④　3. ④　4. ②　5. ③
6. ④　7. ②　8. ①